ReNew

新視野・新觀點・新活力

ReNew

新視野・新觀點・新活力

米歇爾・費茲
Michel Fize
黃馨慧 譯

壞人到底在想什麼？

Mais qu'est-ce qui passé par la tête des méchants?

壞人初探　9

第1章　一個很常見的行爲

第 2 章 壞人的各種特徵

第3章 壞從何處來

第4章 壞人眾生相

第5章 壞事怎麼做？

結論　265

附錄：一份簡單的參考書目　273

壞人初探

壞人對社會有沒有貢獻呢？
如果沒有壞人，好人能夠被彰顯出來，並且愈來愈好嗎？
如果人不具備做壞事的本領，
說他性本善有任何意義嗎？

爲什麼要寫一本有關壞人壞事的書？乍聽之下，很多人會覺得這個主題很不可思議，認爲我的寫作計畫「有點好笑」——壞人不是隨處可見嗎？有些人甚至會說，誰沒扮過黑臉，人天生多少都有點壞。榮格曾說：「凡人內心皆有一處黑暗地帶，藏著一個危險的、好比政治鬥爭中那些隱形共犯般的同伴[1]。」我書都還沒動筆，就被好幾個朋友和同事勸說這個題目實在沒什麼文章好作，何況「壞人」是個孩子氣的字眼，只有小孩子會在乎誰是「好人」誰是「壞人」，但一段時間之後，這些形容詞就會從他們的詞彙中消失得無影無蹤。另外一些人則信誓旦旦地對我強調，基本上他們不相信人性本惡說。然而，我們不是每天都看到一些可以稱之爲「很惡劣」的「作風」——講白一點就是「行爲」——嗎？那些作「壞事」，擺出「惡形惡狀」的所謂「壞人」，大家不是天天都會碰上幾個嗎？爲什麼我們就不能像過去研究焦慮症患者和愛撒謊的人那樣研究壞人的特質和行爲呢？依我之見，人性本惡的這個課題絕對值得嚴肅看待。

說起壞事，大家馬上會聯想到黑色、人或獸性中的奸狡、晦暗、林深不知處、行兇現場、兇手、謠言或甚至平日的蜚短流長。沒有人喜歡壞事，大家對它避之唯恐不及，光想就會不寒而慄！至於壞人，簡單說就是避之唯恐不及、狼心狗肺、千夫所指的該死傢伙。當然，這樣的人和這樣的事，我們一輩子裡或多或少會碰上幾次（倒是很少人願意承認自己就是那個壞蛋！）。因此，正如巴黎某高中女生所說的：「無論是透過我們自己、周遭的親友，甚至媒體，每個人對壞人和壞事都有各自的定義、見解和想法。」

「提防惡寒！」這就是今天二〇〇五年二月十六日一大早我們在法國的一份大報上頭還可以讀到的標題。由此可見，除了人、事之外，連自然現象都不乏兇惡者。大家只消去翻翻左拉的作品，便可以看到一連串壞「東西」——包括心情、笑聲和喜悅——躍然於紙上。有時候，好像光說出「惡劣」一語尚意猶未盡，人們還會給它安上一些形容詞強調其壞的程度。像左拉就會說什麼「魔鬼似的兇惡」（méchanceté diabolique），什麼「尖銳的惡毒」（méchanceté aiguë）。有時候，這個詞的用法是非常負面的，譬如我們會說某人「惡狠狠」地拒絕對誰誰伸出援手。還有，人生中的某些階段，也會被認爲比其他階段來得「惡劣」。對心理分析家安娜・佛洛伊德（Anna Freud）而言，人生中最壞的時候，莫過於老來的病殘交迫。至於自然現象，當它們發作起來時，亦可猶如洪水猛獸。譬如，在《海上勞工》（*Les Travailleurs de la mer*）裡，雨果就把暴風雨比喻爲一群海盜，將哈諾瓦（Hanois）暗礁描述成：「它簡直作盡了一塊礁岩所能幹下的壞事。這是海上最令人髮指的殺人兇手之一，埋伏在夜裡等著船隻上勾(2)。」還有，風也可能太熱或太冰寒，沙漠則是異常灼燙等等。「惡勢力無所不在，」雨果繼續寫道。「惡是暴風雨，它阻撓船隻的航行，惡是混沌，它不願意見到新世界的誕生……惡是一種對創造的抹殺。」

第一印象和最初的質疑

「妳好壞！」那孩子因爲媽媽不給糖吃而抗議，一面往母親身上又踢又蹭，母親則斥責他：「你眞不乖。」在尙盧．雨貝（Jean-Loup Hubert）所執導的電影《大路》（*Le Grand Chemin*）中，有場戲是小男孩路易惱得快哭出來了，朝著他的叔嬸（分由李察．波林傑〔Richard Bohringer〕和阿內莫娜〔Anémone〕飾演）大叫：「你們兩個一天到晚吵架，不是好人！」。對小孩子來說，東西也可以是「壞的」，尤其是那些他無法掌控的東西。另外一名十五歲的少年，做了一件他口中的「傻事」（偷了一輛速克達）而受到斥責時，則抗辯道：「我不是壞人！」大家一定都聽過諸如「這是個壞人」或「那個壞女人」這樣基本上只用來指稱別人的話吧……。

當我們說某人很壞時——現代法語中已經沒有人會拿這個字來形容事態了，萬一眞的需要，大部分會說「糟糕」——主要是指那些引起別人痛苦，甚至造成別人無法修復的損失的人。柏拉圖認爲這種人是因爲他們的身體裡面藏了不好的東西。「壞」和「好」似乎是對立的；善的反面即是惡。黑格爾是第一個分析善惡對立的哲學家，他在〈責任或道德原理〉一文中，曾對自己的學說作過如下（見六十五節）著名的闡釋：

與善相對立者爲惡者，亦爲劣者。惡者作惡，必以堅決之意志，故惡又勝於劣，蓋作惡需有堅強之意志，誠如爲善。劣者則一反善惡，其乃源自於意志上之缺陷。劣等人隨性而爲，是以疏於克盡己任(3)。

尼采和黑格爾一樣，也將「善」與「惡」、「劣」對立。在《道德譜系學》中，他一開始就論述道：

儘管「惡」「劣」二字大有不同之處，兩者似皆與同一「善」的概念形成對立。但這並不是同樣概念的「善」；我們還不如問，就怨恨道德（大家都知道就是那些窮人和無能者的道德）的觀點而言，誰才是眞正的「壞人」？最嚴謹的答案是：就是另一種道德中的「好人」，確切地說即貴族、強者、主人(4)。

對尼采來說，分辨現實中的善惡並沒有任何價值：「心懷怨恨者會去製造惡敵，然後以這個『壞人』爲準則，透過直覺去想像出一個可以作爲反命題的『好人』——他自己！……」

壞首先當然是一種概念。大家應該還記得尼采所謂的概念即：「一些想像出來、多少有點精確、可以同時和幾種常見的感覺以及某些感覺群組互相對應的符號(5)。」但此一抽象的定義並不能滿足我們，而面對「壞事」和「壞人」這樣的字彙，我們確實有著術語上的問題——當我們使用這兩個詞的時候，我們究竟想表達什麼？它們眞的派得上用場嗎？又是在什麼樣的情況下？諸君只要稍微瀏覽一下各種哲學、科學和文學著作，就會發現它們出現的機率少之又少（但裡頭充滿好人和壞人的童話故事則除外，這個我們後面還會提到）。一般而言，大部分作者對殘忍、憤怒、仇恨——曾被笛卡兒歸爲人類的六大原始情感之一——和不公等都要比壞不壞的問題來得有興趣。

大家也都知道一些壞人的相似詞——或說我們假設它們的意思是共通的——諸如「暴力」、「攻擊性」和「罪犯」等……人們對這些相似詞似乎更爲偏愛，甚至用於日常用語之中。然而就像接下來我們會討論到的，暴力和攻擊性其實有另外的意思，不見得和「壞」有關。儘管如此，今天在一些很鄉下的地方，還是聽得到數人同聲譴責的

「悍婦」（méchante femme）一詞，即使這種說法在我們的日常詞彙中幾已消失殆盡。換句話說，現代人比較會強調對方的「卑鄙」，而不是「壞」。還有長相也是，有人長得很「難看」，有人長得很「漂亮」，但就是沒有人長得很「壞」。至於講到鬧上法庭的案件時，今天的「醜聞」也要比「壞事」多多了。

「壞人」是一句兒語？「壞人」其實一點也不壞？

是不是只有小孩子才會說「壞人」？他們嘴巴裡好像就只有這兩個字，專門用來指那些他覺得對他不好的大人或小孩。前面我們提到的電影《大路》，裡頭的小路易就罵那個捉弄他的小女生：「妳好壞！」有時候，小孩子只要覺得不受到喜愛，就會認為人家對他很壞——不過大人也有可能做出同樣的判斷，已經退休的瑞士小學老師尚皮耶就曾回憶道：「在我的教書生涯中，給人的印象就是很兇，以前的一些學生還會怪我因為他們成績不好而不喜歡他們，對他們很壞（不公平？）。」

對兒童而言，世間萬物或幾乎一切都有可能對他造成傷害。很小的小孩被門夾到手指頭，會說門很壞，要是被石頭絆倒了，那石頭也成了壞石頭。即使是大人，碰上刺骨的寒流或狂暴的雨，不也是覺得這些都不是好東西嗎？

仔細想想，「壞」有時甚至可以壞得魅力十足，一點也不壞。「您眞的好壞！」阿貝婷娜在普魯斯特《追憶逝水年華》裡對主人翁這麼說，因爲他幾乎是賭氣地拒絕張開嘴巴迎接對方想要伸進來的舌頭(6)。而聖盧不是有次也因爲被情婦拉謝爾的任性鬧煩了說：「好了啦，別再使壞了……我說過，如果妳待我好一點的話就買項鍊，但既然妳對我這樣……」好與壞的對比在書中俯拾皆是。普魯斯特十分擅長這樣的描寫手法，譬如在另外一段中，主人翁的母親跟他提起外婆曾說他是：「奇也怪哉，從沒見過這麼乖巧又這麼教人受不了的小孩。」

壞不壞，非關道德？

在衛道人士眼中，壞就是惡，意味著缺乏愛心和獸欲得逞，應趕盡殺絕。但壞人壞事究竟是不是——照西塞羅(譯注)的說法——「道德問題」呢？果眞如此的話，這種說

譯注：Cicéron，西元前一〇六～前四三年，羅馬政治家兼作家。

法現在還行得通嗎？如果不是的話，那它究竟是什麼？現代社會中的人，大部分時候顯然已將所謂的「品行」及其如影隨形的宗教信仰拋諸腦後，那麼善惡之別有沒有可能也同時被掃地出門，從此打入冷宮了呢？

壞與愛：耶穌曾經教導我們如果被人摑了嘴，還要把另外一邊臉頰送上去。「原諒他們，他們不曉得自己在作什麼。」他並且對他的信徒這麼說。如此的言行舉止，正是要以愛、原諒和善行來與惡勢力對抗。《聖經》中到處都是壞人——也叫做「罪人」、「褻慢之人」或「狂傲之輩」。壞人生性傲慢，覬覦他人財產，天不怕地不怕，對神更是毫無畏懼；壞人雖然比好人多，但也只是一種短暫的勝利，因爲《詩篇》中說了，壞人的下場一定會很悲慘，他們將被「義人大會」拒於門外。《箴言》（十二、二十一）中亦宣稱：「義人不遭災害，惡人滿受禍患。」不過，《聖經》作者對好人壞人的區別並非一向那麼涇渭分明，不然他們怎麼會把那些不信神的、在他們眼中與壞人無異的異教徒叫做「善良人（譯注一）」？

壞與惡：以托瑪斯・阿奎那（Thomas d'Aquin）爲代表的中古世紀經院哲學派，則是將善與惡對立起來。也許壞和阿奎那所說的惡有著密切的關係，但由於不是本書的主題，所以我們在這裡盡量不去碰它。乍看之下，壞必須在善與惡並存的情況下才有可能產生。既然善與惡都是神的創造，所以壞人也是神創造出來的；保羅不是在寫給以弗所人的書信中，提到「天空屬靈氣的惡魔（譯注二）」嗎？但話又說回來，莫非一定要先確定有惡，才能相信壞的存在？大家都知道尼采在《超越善與惡》（*Par-delà le bien et le mal*）中那個著名的「既非善亦非惡」的論調。對尼采來說，善與惡不過是我們想像出來的兩個範疇。「還沒有人知道什麼是善什麼是惡」，查拉圖斯特拉如是說。而尼采則致力揭穿一切以善爲名的壞事，譬如，爲了收復聖地的十字軍東征、天主教徒對宗教審判的狂熱、殖民者在新世界的燒殺擄掠……用一本書的篇幅都寫不完所有以律法和道德爲名的暴行。

當然，對相信宗教的人來說，魔鬼才是眞正的壞蛋。但丁在《神曲》〈地獄篇〉中，曾賦予魔鬼不下七千種職司，異端、黑暗、黑夜和恐懼，都是魔鬼的化身。就像歌

譯注一：gentils，這裡是作者玩的一個文字遊戲。gentil這個法文字起源於拉丁文，本義是「家族的」、「種族的」，「民族的」，後來被原始基督教徒引申用來指「外教徒」、「異教徒」；然而在羅馬帝國的各地方言中（包括法文在內），卻另有「貴族家庭的」、「好出身的」以及「慷慨的」、「善良的」、「優雅的」等與貴族特質有關的衍生義。

譯注二：見新約以弗所書第六章十二節。

德在他的《浮士德》中說的，魔鬼即一切理性所無法理解者。至於不信教的人，可能會覺得上帝其實比魔鬼還壞。心理學家帕西尼曾說：「事實上，魔鬼從未眞正幹過什麼壞事，所以才會有『可憐鬼』這樣的說法（7）！」根據帕西尼在一九八一年針對一萬二千四百六十三名歐洲人所做的一項問卷調查，有百分之二十五的人自稱相信魔鬼的存在，另外有百分之十二的人不確定。在用來描述魔鬼的形容詞中，大部分的人會使用「狡猾」（百分之八十一・四）和「壞」（百分之七十八・五）。另外由哈里斯（Louis Harris）於一九八九年做的一項調查則顯示，有近百分之四十的法國人宣稱相信魔鬼的存在。

進一步說，我們是不是也可以在某幾種政權體制下找到壞的元素？從這個角度來看，專制政治可謂最壞的一種政體了，因爲它的深層動機在於引起人民的憂慮和恐懼。曾被囚禁在莫諾維茨（Monowitz）集中營的義大利籍猶太化學家列維，當記者向他問起營中納粹黨衛隊的暴行時，他是這樣回答的：「眞正可怕的是制度，納粹制度就是有辦法讓人，無論好人壞人都走上殘酷和不公之途（8）。」不過暴君不見得都會承認自己的暴政，他們有時候是帶著面具出現的。那些造成哀鴻遍野的軍事或文人專制，爲了不引起注意，偶爾也會自稱是「人民民主」或「民主共和」……。

由此可見，民主先天上應該是一種「好人」的政治制度，甚至可能不僅於此。正因爲基本上民主所追求的是一個「人人平等」的社會，所以它也許根本就忽略了好人和壞人的不同。若說民主思想驅逐了古老的階級觀念和二元對立論，這類型（尤其是強調個人主義）的社會對個體之間互相對立的惡果並非那麼陌生。事實上，若說民主賦予人人平等的價值，人們有什麼權利彼此否定？著名的動物行爲專家羅倫茲（Konrad Lorenz）曾說「民主沒有論斷的能力」——當然，這樣的看法暗示著某種絕對的、被羅倫茲（絕對不是個偉大的民主鬥士）稱之爲「過度民主」的民主教條。

這麼看來，民主政治裡既沒有好人也沒有壞人嘍？事實勝於雄辯，大家還是與現實妥協吧！也許在這樣的制度中——再套句羅倫茲的名言——有著「最優秀與最差勁的」，或者用我們自己的話說，就是「最好心與最壞心的」。

總之，小孩子似乎很早就察覺到人並非天生善良，劣根性乃人類生命的課題之一，而善惡對立方爲人性的核心。既然啓蒙時代的哲學家都可以否定善惡之分（雨果在他小說中想表達的也是這個）了，也許，追究到最後，好人和壞人其實也沒有什麼差別。大家都知道原罪觀念與當今強調政教分離的世俗社會格格不入，從這個角度來看，我們不禁要問，「壞人」是不是根本已經被摒棄在現代化的大門之外了呢？

字典裡的壞人

「壞的」（méchant）是個含意模糊的字眼，不然也不會被認爲是法語中最棘手的問題之一。根據《法語口袋字典》（*Dictionnaire de poche de la langue française*）(9)，這個形容詞放在名詞前後會產生不同的意思。如果放在名詞之前，後面接「物品」或「動物」相關名詞的話，則意味著「不好」、「生病的」、「彆腳」、「不正確」、「錯誤百出」、「惡毒」或「暴躁」，例如：一支壞（不好用的）剪刀（*Une méchante paire de ciseaux*）、毛掉光了的壞狗（癩皮狗）（*Un méchant chien tout pelé*）、壞（劣）詩（De méchants vers）、壞（爛）書（*Un méchant livre*）、「我都參考一本壞（錯誤百出的）袖珍詞典」（*En m'aidant d'un méchant lexique*）（多格列斯的《熱帶之路》〔Roland Dorgelès, *La Route des tropiques*〕）、地方上的壞話（蜚短流長）（*Les méchantes langues de l'endroit*）、生來的壞脾氣（*Être de méchante humeur*）。除了上述各例，我們還可以加上雨果《悲慘世界》裡的一些壞的邂逅（去認識了一些不好的朋友）（*De méchantes rencontres*）、一座壞小屋（一間破爛房子）（*Une méchante masure*），以及巴贊《毒蛇在握》（Hervé Bazin, *Vipère au poing*）裡的「壞（硬邦邦的）床墊鬃毛」（*Le méchant crin du matelas*）。如果「壞的」後面接的是與人有關的名詞，則表示「沒有能力」、「毫無長處」，例如：一個壞律師（*Un méchant avocat*）、那裡只有一個壞鋼琴手（*Il y avait seulement une méchante pianiste*）、一個壞詩人（*Un méchant poète*）。

「壞」這個字若放在名詞後面，所要強調的是事物的邪惡本質，例如：邪書（*livre méchant*）、歪詩（*Des vers méchants*）、多舛的命運（*Une destinée méchante*）（雨果）。如果該名詞是與人或動物相關，則意味著「天性邪惡，不安好心」，譬如：惡人（*Un homme méchant*）、對孩子很兇的爸爸（*Un père méchant pour ses enfants*）、當心惡犬（*Attention! chien méchant*）。

翻開我們那幾本無字不通、無詞不曉的法語寶典，或《小羅貝爾》（*Le Petit Robert*），或《拉魯斯》（*Larousse*）字典，任誰皆可輕而易舉地在它們各自的位置上找到méchant（「壞的」、「壞人」）和méchanceté（「壞」）這兩個字。字典都是按照字母次序編排，所以「壞」還排在「壞的」之前。「méchanceté」這個名詞的字義通常作如是解：「舉凡具備壞的特質者皆稱爲壞。」這樣的解釋有解還似無解，令人一頭霧水，早知道不如就先跳過去看排在後面的méchant究竟是怎麼個壞法。原來「壞的」既是形容詞，亦可作普通名詞（「壞人」）使用，可謂名、形同體的罕見字之一。「méchant」是從古法文的*meschoir*（或拼成*mescheoir*）演變而來的，在十二世紀的時候，這個字的意思是「逢凶遭劫」、「禍患臨頭」、「時運不濟」，差不多要一直到十四世紀，這個字才衍生出「爲非作歹」這個和現時較接近的字義。稍後，拉封登在敘事詩《賈康得》（Jean de La Fontaine, *Joconde*）中就曾用了幾行來給這個後來的字義做了很好的示範：活下去吧，惡婦，伊輕言道，吾就此將汝棄諸汝之惱恨中（*Vis, méchante, dit-il tout bas: A ton remords, je t'abandonne.*）。

看倌們若有耐性，捧著字典繼續讀下去，會發現所謂的「壞人」，或說那些做壞事的人吧，皆乃「蓄意爲之」。「蓄意」這個副詞很重要，請大家先記住，到時候對我們會非常有用。

我們再回頭來看「méchanceté」。戈旦在他的《哲學詞典》[10]中曾提及「méchanceté」的原始意義——今日已經消失殆盡——爲「厄運」、「劫難」；到了在古典時期，譬如在莫里哀劇作《唐璜》[譯注一]裡，書呆子特里索當所吟的那首十四行詩中，這個字指涉的是「有缺陷者」，不過此一字義後來也遭到淘汰。「méchanceté」現今的解釋爲：「存心地造成傷害並因此而感到快樂者。此一特質並具有某種在『homme mauvais（小人）』一詞中不見得會有的悲劇英雄（或惡魔）色彩。」這裡我們要記住的關鍵詞是「存心地」。

至於那些一般而言收錄了更多、更好解釋的專門法文字典，又能給我們什麼樣的啓示呢？其中的第一本(11)就告訴我們，「méchant」這個字強調的是對某事物或某人的藐視，意味著「不值一文」。「méchant」因而具有造成傷害的傾向，例如在這齣作者已不可考的文藝復興時期著名的喜劇(譯注二)中，帕舍琳律師有一句台詞：「我已厭倦了爭執／您眞是一個壞（差勁的）人（Je suis lasse de la bataille/ Vous êtes un bien méchant homme.）。」

第二本字典(12)引述了塞維涅夫人（Madame de Sévigné）的句子：「我眞想跟您抱怨碰上了這麼一個壞（差勁的）傳道人（*Que je vous plains d'avoir eu un méchant prédicateur!*）！」至於「méchanceté」，字典編輯群給的解釋則是：「指低下或平

譯注一：應爲《女學究》（*Les Femmes Savantes*）。

譯注二：即《帕舍琳律師的鬧劇》（*La Farce de Maître Patelin*）。

庸的品質，例見馮特內勒（譯注一）的：這些韻文如果比較壞（低劣），那是因爲它們本身就出自於一個膽敢輕視規則或形式美的神（*la méchanceté même des vers marquait qu'ils parlaient d'un dieu qui avait un noble mépris pour les règles ou pour la beauté du style.*）。」

第三本字典(13)對「méchant」採取了以下的解釋：「這個字若用來形容人，無論放在名詞前後，意思都差不多。例如：這是一個壞人（C'est un méchant homme）或這個人很壞（c'est un homme méchant），指的都是企圖作惡之人。」爲了稍後的說明，這裡我們必須再次強調「企圖」這個表示「故意爲之」的字眼：這個壞人會把我殺了（賈利（譯注二）〔*Ce méchant homme va me tuer.*〕）。如果是拿來形容事物，放在名詞前面，意思就模稜兩可多了，端視上下文而定，例如：「他寫了一本壞書（un méchant livre）。」有可能是這本書在蓄意攻擊某人或某個社會階級，也有可能是內容「一文不值」；我們不得不說他的讚美詩是些壞（一文不值）的讚美詩，而他的打油詩更壞（差勁）（法傑（譯注三）〔*Nous sommes tentés de dire que ses odes sont de méchantes odes et ses épigrammes des épigrammes méchantes.*〕）。這個字有時也可以用得古意盎然——尤其是在某些固定的詞組中——例如：蘇培姆叔叔堪稱心情不佳（馬賽・艾米（譯注四）〔*L'oncle Suprême était d'assez méchante humeur.*」）

第四本是同義字字典[14]，裡頭用了很多例句來解釋「méchant」這個字，例如：他惹上了一件壞（麻煩）事（Méchante affaire）；他穿著一件襤褸的壞（破、舊、爛）大衣（méchant pardessus）出門；這個孩子對他的同學很壞（粗魯）；當心壞狗（惡犬）（chien méchant）；他發出壞（邪惡）笑聲（rire diabolique）；您不要生氣，這沒有那麼壞（嚴重）（pas bien méchant）；他買了一輛壞車（拉風的車）（une méchante voiture）。

最後一本也是同義（兼收反義）字典[15]，裡頭收錄的同義或近似義字之多，只能用琳瑯滿目來形容。現在就請諸君暫時停止呼吸，一起來看看下面這張清單：

譯注一：Bernard le Bovier de Fontenelle，一六五七～一七五七年，法國作家。這裡的引句出於一六八七年的《神諭的歷史》（*Histoire des Oracles*）。

譯注二：Alfred Jarry，一八七三～一九〇七年，法國詩人、小說暨劇作家。

譯注三：Emile Faguet，一八四七～一九一六年，法國文學批評家。

譯注四：Marcel Aymé，一九〇二～一九六七年，法國作家。這裡的引句出於他一九二七年的小說《往返》（*Aller-Retour*）。

MECHANCETÉ（壞），名詞，陰性。I指品行：侵略性、刻薄、殘忍、敗德、嚴酷、嫉妒、惡毒、敵意、吃醋、調戲、狡詐、蓄意謀害、危害性、陰險、惡性、惡毒的行爲、性虐待狂、野蠻、存心不良、混帳東西（vachardise）（口語）、惡意、邪惡。II指行動：1.毀謗、下流行爲、諷刺挖苦、淫蕩、卑鄙、惡行、讒言、陰險、背信、穢行、計謀（tour）、酷刑、齷齪的勾當2.不公義3.促狹4.（口語）：蛇蠍心腸（couleuvre）、卑鄙手段、愚蠢行爲（ganacherie）、刻薄挖苦（gentillesse）、冒犯（mistouffe）、垃圾東西（ordurerie）、骯髒東西（saloperie）、混帳東西、討厭鬼。共計四十六個同義字。

MECHANT（E）（譯注一）（壞的）I形容詞。1.形容人：脾氣暴躁、尖酸、刻薄、面目可憎、咄咄逼人、殘忍、易怒、粗魯、尖刻、犯罪、殘酷、具危險性、惡魔般的、令人不愉快的、不親切的、魔鬼般的、無情的、不忠心的、兇殘的、充滿敵意的、潑辣的、懷恨在心的、易怒的、可鄙的、地獄似的、忘恩負義的、不人道的、不公義的、蠻橫的、難以忍受的、難以應付的、妒忌的、作惡的、調皮的、狡猾的、不懷好意的、心懷敵意的、陰鬱的、說人家壞話的、咄咄逼人的、黑暗的、有害的、卑鄙的、背信的、有毒的、心術不正的、惡意傷人的、粗野的、虐待狂的、沒有心腸的、撒旦似的、邪惡的、不祥的、好鬧事的、有毒液的、虛張聲勢的、猥褻的、惡意中傷。共五十八個同義字。2.引申義：不幸的、不好的、平庸的、悲慘的、無用的、貧窮的、微不足道的、可憐的、一無是處。共九個同義字。II作爲口語名詞：老山羊、小混混、駑馬、臭東西、駱駝脾氣（譯注二）、骯髒鬼、潑婦、霍亂病菌、小淘氣、無賴漢、魔王、臭大便、悍婦、癩皮鬼、大笨蛋、女妖怪、假面人、恰查某、「梅非斯特（譯注三）」、食人妖怪、害人精、毒藥、劣馬、混帳、討厭鬼、壞傢伙、下流胚子、邋遢鬼（譯注四）、撒旦、蛇、巫婆、撒旦的幫兇、癩痢頭、汙名、壞心眼、老牛皮（譯注五）、毒蛇。共計三十七個同義字。這裡我們要順便提一下，字典中和「壞」這個字眼聯想在一起的動物通常是「蛇」——更常見的是「毒蛇」，或甚至遊蛇，三者指涉的都是「毒液」（譯注六）——而

譯注一：這個字字尾加上e，其詞性即成陰性。

譯注二：chameau，用來比喻蠻橫不講理的人。

譯注三：Méphistophélès，梅非斯特爲德國民間故事《浮士德》中和浮士德博士交易的魔鬼之名。

譯注四：有salopiaud、salopiot或saloupiot三種拼法。

譯注五：peau de vache，形容極嚴厲，甚至不公平或陰險的人。

譯注六：即使大部分的遊蛇是無毒的。

非我們之後會大量提到的「狼」。

最後讓我們來瞧瞧那些哲學、社會學、民族學、心理學和心理分析字典。其中大部分對我們這裡的研究主題皆不予置評，以致讀者必須從mécanisme（機械論）這個字直接跳到médiation（斡旋）一詞。「壞」眞的有那麼壞，讓人必須三緘其口嗎？

在前面提到的同義字中，現代人最喜歡用的有兩個，就是暴力和攻擊性。大家都知道，攻擊性這樣的概念是由動物行爲學家傳開來的，尤其是羅倫茲⑯，只不過他用的字眼是「攻擊力」或「侵略性」，而非「壞」。他唯有在談及某種「顏色鮮豔」的小魚時，很偶然地提到因其具有非常強烈的領域感，所以一生下來即可能顯得十分「兇悍」。還有就是他在觀察獅子對捕獲的水牛如何生吞活剝之後，認爲獅子之所以這麼做並不是因爲對水牛有什麼深仇大恨：「……在牠們臉上著實看不出一絲絲的惡意。」如果說很多現象可以證明攻擊性和惡性其實是一體兩面，那麼它們之間的差異，也許就如同心理學概念之有別於道德觀念吧。這點我們後面還會再探討。

所以說，「壞人」和「壞事」這兩個我們天天掛在嘴巴上的字眼，原來並非那麼受到專家學者——無論是自然科學家、法律專家還是心理分析家——的垂青。拿佛洛依德來說好了，即使在他那本著名的《狼人》(17)病例報導中，也僅寥寥數語；據佛氏的描述，原來這名被稱爲「狼人」的病患，有一個長他兩歲、「從很小就很壞」的姊姊，而他自己原本是一個文靜又溫馴的小孩，不料有天突然變得「暴躁、易怒、看什麼都不順眼」，這樣的「壞人期」一直持續到他八歲那年爲止。在一些較當代的文獻中——法律檔案尤甚——壞人壞事等字眼更是英雄無用武之地。刑事法庭陪審員的誓詞算是一個很罕見的例子：法國刑事訴訟法第三百零四條規定，陪審員必須以謹愼的態度並且在「不受恨意和壞心，恐懼和情感影響」的狀況下檢視事實。

青少年觀點和成人之見

下面是一群國中生應我們之邀對「壞人」和「壞事」所列出的同義詞表(18)，其中不乏與上述字典中所收錄的相呼應。

MECHANCETÉ（壞）在這些青少年的心目中，分別意味著：侵略、侵略性、憤怒、「黑暗面」、黑色、怒火、殘酷、八卦、戰爭、騷擾、虛僞、不公平、蠻橫、污辱、妒忌、懦弱、惡性、不誠實、虐待、威脅、謊言、藐視、畸形、嘲弄（沒有水準的笑話，講白一點就是「吃豆腐」）、父母、種族歧視、勒索、性虐待狂、骯髒、沒有同情心、嚴格、折磨、背叛、報仇、強暴、暴力（推人、打人、動手動腳）、粗野，最後還要加上一個新創的「醜陋性」。共計三十八個同義詞。

MECHANT（壞的）會讓他們想到：可憎的、侵略者、討人厭的（「不友善」）、自大、殘酷、八婆、兇神惡煞、令人不快的、惡魔般的、自私自利、惱人的、敵人、動手打人、甩耳光、吼人、記恨、人、可怕的、虛僞、不禮貌、表裡不一、忘恩負義、不公正、不合群、粗野、污辱人、懦夫、醜八怪、喜歡嘲笑別人、小氣鬼、兇巴巴、不聽話、種族主義、恐嚇勒索、吝嗇、骯髒、撒旦、打人、作弊、殺手、卑鄙、兇暴、小偷。共計四十八個同義詞。

值得一提的是，男生女生所給的答案之間有顯著的差異。男生比較傾向強調肢體上的惡性，而他們最常提到的單詞是可以有多重解釋的「暴力」（十四次），再來就是比較精確的如勒索、打人、強暴（共出現四次）。男生都會先提到「暴力傾向」、「K人」、「甩耳光」、「偷東西」、「敲詐」（共出現十次）。女生的話，比較會提到一些跟道德有關的，譬如：「說謊」（最常被提到的字眼，共出現四次）、「嫉妒」（三次）、「嘲弄」（也是三次）；女孩子也比較會強調「壞人」有多麼「令人討厭」、而他們的行爲有多麼「噁心」、「自私自利」，甚至是「有種族歧視傾向」或「仇外」。

成人的壞人同義詞較之於青少年也不遑多讓。以前面提過的尙皮耶爲例⑲，這名認爲自己「算是乖乖牌的左派工運分子」的六十五歲瑞士籍退休小學老師就表示：「一言以蔽之，我對壞人的看法，就是那句俗話說的『總比混帳好』。至於偶爾爲之的使壞（而且通常這些人事後都會懊悔不已），我只會說他們是王八蛋。還有人因爲缺乏自信，所以先下手爲強，這樣他們就不需要起來自我防衛；有些則是受到壓迫，一心想要報仇雪恥；另外那些見不得別人好的，也許他們內心覺得自己很失敗。」

壞的初步有效定義離我們愈來愈近了。在本調查剛開始的時候，我們想要讓這些定義具備足夠的直覺性，而非透過長時間的深思熟慮而來。一如我們所料，大部分的人都認爲所謂的壞就是「對他人（包括動物，尤其是小動物和小孩）造成傷害」。當然，各人的定義都不盡相同。對奧利維爾（十六歲）來說，壞人做壞事是「喪心病狂，爲了侵犯而侵犯。」對席瑞爾（二十一歲）而言，「壞人就是對他人造成傷害的人──無論這傷害是生理上還是心理上的，也不管對像是人、動物或植物──而且是蓄意爲之。」大家常常強調──或很強烈地暗示──「蓄意爲之」的重要性，好像傷害必然是在故意的情況下造成的。一份針對十五個就讀高二（十五到十七歲）的青少年所做的問卷調查顯示，有三分之二的受訪者認為在界定壞人時必須將蓄意與否一併考量。

成年人對此的看法為何？以瑪莉蘿兒（三十八歲，巴黎市護理人員，三個孩子的母親）的訪談為例：「壞人就是，為了對某個或某幾個人造成傷害，而採取某些行動或某些言語，或者相反地，不採取任何行動。一切都要歸咎於那個明顯的、有意識而且經過思考的，想要傷害某人的企圖。」

提出問題

笛卡兒曾說舉凡人皆喜歡好的、厭惡壞的事物，而行善會讓我們感到一種「內在的滿足」，作惡則令人懊喪。又說人必然求善若渴，鄙棄惡行，因為快樂只能來自於善，而非惡。不過這樣的言論很快就受到了修正，笛卡兒最後甚至宣稱唯有知識，方能劃出善與惡之間的那條分界線，否則人們都會先將有利於自己的事物當成是好的：「因為一般人口中的善或惡，就是那些被我們的內在感知或理性判定為符合或違反我們本性的東西[20]。」照這種說法，某個不好的東西（當然是從道德的角度），一但對我們有利，也可以變成好的了。老實說，要在這麼崎嶇不平的思路上追隨我們這位大哲學家還眞是不容易。

兩大學派在善惡的討論中相持不下。其一即所謂的性善哲學，主張人的天性並不壞，是社會讓他變壞的，此一派的代表人物是柏拉圖和盧梭。大家都還記得盧梭在《愛彌兒》（*Émile*）中的名句：「人很壞，這是一種不證自明、隨時可見的可悲經驗，然而人天生卻是好的，這點我想我已經證明了[21]。」話雖如此，但盧梭在歷經人間疾苦之後，對上帝的信仰仍非常堅定，並且唾棄自己的兇性和邪念。第二種關於人性的學說，或稱悲觀哲學，則認爲人是壞的，甚至是壞到骨子裡頭的那種壞。此一思潮的箇中翹楚，當推霍布斯和尼采。

介於這兩種學說之間的，還有個「欲望系統」的觀念，主張人類的行動力同時來自愛和恨兩種情感。此派學者的理論多是圍著生命衝動和死亡衝動等概念構築起來的，最佳代言人則非佛洛伊德莫屬。我們在第三章還會對這個觀點做更深入的探討。

現在讓我們先把理論擺一邊，回歸現實面。人的壞並不具時間性，放眼古今，沒有哪個時代的人不做壞事；壞亦具有普遍性，無遠弗屆，每個國家都產惡棍，而且江山代有壞人出，東西方皆同，南北球無異。人的劣性讓他從作戰——還有作愛——中獲得快感，這似乎已經成了現實人生的一部分了。佛洛伊德就斬釘截鐵地認爲，教人不要去滿足那種他稱之爲「攻擊癖」的傾向是件非常困難的事，因爲這麼做沒有人會覺得舒服。

現今的人是不是比從前不壞呢？我們的祖先是不是比我們這些生活在所謂文明社會的後代要來得粗暴？這個實在很難說。眾多動搖世界和平的戰爭（包括上個世紀的兩次世界大戰和不下數十次的區域性衝突，以及某些地區至今仍砲聲隆隆的戰火），還有犯案率異常穩定的血腥案件，在在顯示人類有一種非常強烈的侵略和作惡的「本能」。但若說人類從來一披戰袍就砍敵人，一換便服就殺同胞，但很久很久以前他們也曾經曉得要和平共處，也許是當時的自然環境太嚴酷，讓他們爲了活下去不得不團結一致。在史前洪荒時代，社群或家族之間若發生對立衝突，通常都會透過一些制度化、儀式化的決鬥來公開解決，如此一來自然也降低了個人逞兇鬥狠的攻擊行爲；萬一這樣的行爲還是出現了，大部分皆因山窮水盡，被逼上梁山之故。然時至今日，豐衣足食卻成了兇殘的理由。在一個像我們所處的物質主義社會裡，人人無時無刻不覬覦財富，而壞人好像比好人容易發財。

爲什麼這個世界上會有壞人？壞性從何而來？是魔鬼和惡靈在作祟？還是像沃爾夫（Francis Wolff）說的，要歸咎於某個「看不見的罪魁禍首」？壞性的動力來自於何處？爲什麼壞有時會具有毀滅性？又在什麼情況下會變得如此？還有，最最基本的：壞這種東西到底存不存在？它會不會就像布爾狄厄(譯注一)口中的「年輕人」，只是「一個字」而已？多麼奇怪的問題呀！讀者諸君也許會說，壞人不是到處可見，隨時都有嗎（前面我們已經說過了）；每天報紙頭條都是誰又做了什麼壞事；我們自己不時也會碰上幾個，偶爾還會深受其害，所以誰會去懷疑人性本惡這件事呢？其證據簡直多如牛毛。就連在文學的領域裡，無論那些大作家的世界名著，還是給小孩子看的童話書，壞人壞事的題材也遠比那些「勸世文(譯注二)」要來得受歡迎。

結論是無庸置疑的，人對同類很壞；他非但無法眞心喜歡他們，有時還萌生恨意。他會傷害同類，或意欲加害。人偶爾甚至會殺人（遺憾的是，這一類狀況從未間斷）。所以歷史上充滿了霸王、奸雄：阿提拉、成吉思汗、恐怖的伊凡、希特勒、史達林、米洛塞維奇……至於那些我們講給孩子聽的小故事裡，壞蛋亦俯拾即是，譬如人見人嫌、

譯注一：Bourdieu，一九三〇～二〇〇二年，法國社會學泰斗，九〇年代法國知識界反對新自由主義和全球化的意見領袖。

譯注二：見波特萊爾的〈雨果的悲慘世界〉（Baudelaire, Les Misérables de Victor Hugo）一文。

和電視上那個非常和藹可親的女主角（譯注一）完全背道而馳的老巫婆，食人怪和狠心後母；童話中的壞人要比現實生活中多多了，這個我們後面會提到，而且在數量上完全沒有男女差別待遇的問題。

說來說去，也許這都是因爲人具有自由理性，和禽獸不一樣，所以才會想要傷害同類。黑格爾認爲，因爲人有自由（當然，這種自由是比較出來的），所以他可以去做或不做任何事情。換句話說，他可以傷害也可以不傷害別人。他傷害的甚至可能是他自己。貝納諾斯（譯注二）有一段文字頗能與此呼應：「人最怕的就是單槍匹馬地當上『笨蛋兼壞蛋』，一種高深莫測、想必只有該下地獄的人才能碰上的處境(22)。」

另外我們還要補充說明的一點就是，人的欲望既然無窮無盡，人與人之間的利益衝突和猜忌因而讓他們變得其壞無比。尼采認爲，正因爲人無惡不作，以致於壞的自體（méchanceté en soi）蕩然無存。康德則主張人必然不夠果敢，否則定可持之以恆地當那種爲了作惡而作惡的壞人。由此可見，壞不壞要先看有沒有惡意。

壞這個字從我們嘴裡說出來，究竟是什麼意思？別的姑且不論，一般人都會很主觀地認定某些事實是壞的，因此我們必須從說話者個人的主觀觀點來理解他所謂的「好」和「壞」。史賓諾莎就說過沒有絕對的善與惡，「只有我認爲的好跟壞」。壞蛋於是就是那些我認爲、覺得不好的人；對迪士尼動畫片《小飛俠》中的虎克船長而言，壞人不是他，而是潘彼得。每個人都可以自由地根據他的經驗和感受定義壞。對《悲慘世界》中的賈維探長來說，尚萬強是一個惡性特別重大的苦役犯人，至於那個被誣賴偷蘋果並被誤認爲是尚萬強的倒楣鬼商馬弟，就會覺得起訴他的檢察官正是個不折不扣的大壞蛋，而從命在旦夕的芳婷眼中看來，不讓她見女兒最後一面的醫生才是壞人。又譬如夏綠蒂·伯朗特（Charlotte Brontë）著名小說《簡愛》中的瑞德太太，依她之見女主角簡愛絕對是個讓人受不了、愛使性子、陰險、一天到晚想著怎麼害人，總之就是壞透了的女孩。對打死了一個埃及人的摩西來說，所有的埃及人都是壞蛋。而對羅馬人而言，壞人，或稱敵人，就是那些「蠻族」哥特人或汪達爾人。一七八九年法國大革命時的革命黨，對他們的死對頭君主立憲派來說，全是些非常兇殘而嗜血的壞胚子；反之亦然，在

譯注一：這裡指的是《神仙家庭》（Bewitched），一部在六〇年代非常流行的電視影集，劇中女主角莎曼珊就是一個女巫。

譯注二：Bernanos，一八八八～一九四八年，法國作家，常以天主教神父爲小說主角，描述鄉村地區小人物內心的善惡交戰過程，著有《一個鄉村牧師的日記》（Le Journal d'un Curé de Campagne）、《惡魔天空下》（Sous le Soleil de Satan）等。

革命黨的眼中，君主立憲派不過是一群擁護暴政的人民公敵。最後再以拿破崙——不久前法國人才用了還不算太鋪張的排場，爲他辦了登基兩百周年紀念——爲例：拿氏毫無疑問已成了法國歷史上最受爭議的人物之一，或被奉爲民法典的偉大催生者，或被視作軍事獨裁者。雨果就說他是「馬背上的羅伯斯比（編注一）」，並宣稱滑鐵盧之役象徵「暴政必亡」；在一八一四年的保王黨人的眼中，布宛納巴（譯注二）無異爲「科西嘉食人魔、篡位者、暴君、兄妹通姦的怪物、雅法（譯注三）下毒者，大蟲」的同義詞，而認爲路易·拿破崙一八五一年十二月造反有理的人所看到的共和派，不過是一群該下地獄的「紅色分子（譯注四）」。

換句話說，每個人都有自己對好與壞的看法。賈維探長的名言：「袒護一個冒犯士紳的妓女、一個冒犯市長的警員，縱容以下犯上的行爲，這種好心，在我眼裡只是不好的好心。社會腐敗，都要歸咎於這種心態[23]。」

在此我們又碰上了尼采的基本問題：「人是在什麼樣的狀況下發明出好與壞的價值判斷呢[24]？」尼采強調，當權者都會把自己界定爲好的，因爲他們是好人，所以有用，同時把「賤民」說得其壞無比。尼采又認爲，後來是猶太人和基督教徒（心不甘情不願加上去的）才將這種看法顛倒過來，認定唯有生活在貧窮和苦難中的人方是眞正的善良。尼采又進一步解釋道，對於那些（精神上的）弱者來說，一切高級精神都和壞人（德文叫做*Böse*）脫不了干係。不過，在尼采眼中，壞人其實是一群粗野、愛抱怨的「普通人」，或乾脆說就是他認爲很愛記恨的猶太人。

當然，文化不同，時代不同，對壞人的界定也不一樣。社會學家艾力亞斯（Norbert Elias）曾經說過一個例子(25)：十六世紀的時候，在巴黎有一種燒活貓的習俗。每年夏至聖約翰節之際，巴黎人就會聚集一起，一旁有樂團演奏輕快的曲調；搭建的刑架上掛著一口袋子或一隻籃子，裡面裝了一到兩打的活貓。袋子或籃子慢慢地點燃了，裡面的貓一隻隻掉進下面的火堆，發出被活活燒死的慘叫聲，看得大家心花怒放。對我們這些自認爲愛護動物、誰敢這麼做一定扭送法辦的現代人來說，這簡直是不折不扣的野蠻行徑。不過，根據艾力亞斯的說法，聖約翰節火葬活貓在當時可是一種不折不

編注一：Robespierre，一七五八～一七四九年，法國革命家，法國大革命時期的重要領袖人物。
譯注二：Buonaparte，拿破崙姓氏的原來拼法。
譯注三：Jaffa，位於以色列地中海沿岸的古老海港，一七九九年曾被拿破崙攻陷，隨後爆發瘟疫，法軍染疫士兵遭拿氏下令毒殺。
譯注四：指共產黨。

扣的社會習俗。

再舉一例。對某些「原始」民族而言，將年老的雙親殺死可以讓他們免於身體的衰老和名譽的受損，是一種正常不過，甚至值得讚許的行爲；而同樣的行徑發生在我們的社會，可是會被送上刑事法庭。

正如前面所說的，上述的一切再度說明並沒有絕對的壞。所以，現下我們只需掌握一個重點，那就是「壞」意味著某種人際關係，是一個「命名遊戲」，「壞」就是我們想的或說的那樣，「壞」其實是經過比較而來的。

儘管如此，「壞人」和「壞事」之間也許還是有所差別。對我們的受訪者來說，這兩個詞並非隨時可以畫上等號。像前面提過的那位三十八歲的瑪莉蘿兒就認爲，如果「壞事」一詞引人深省，「壞人」則是非常不確切的說法，她甚至認爲這個稱呼會造成道德問題，因爲它有判斷的色彩。瑪莉蘿兒還說：

我們不可以只從一個人的所作所爲來理解他。我認爲無論對方做了什麼，江山易改本性難移的道理還是不變的。這就是爲什麼每個人最後一定可以改掉壞習慣，不管這習慣有多壞或已經有多久了。反之亦然，一個大好人隨時都可以做壞事或自甘墮落。這是人類與生俱來的自由。然而，說一個人是「壞人」，等於把他侷限在他的所作所爲裡，等於否認了他生爲人的自由。而且，這麼做的同時，對方也被我們判了罪，從此不得翻身……不過，前提是每個人都必須對自己的所作所爲負責，而且要對自己造的孽付出代價。這不見得是一種懲罰，因爲他也許能夠從此浴火重生。

姑且不論這段話的對錯，至少它告訴我們有一種由環境造成、行爲上的壞，這種行爲我們可以先假設它是暫時性的。

凡問過「什麼是壞」的人，很快就會發現此問可在那些有史以來最受關注的問題中名列前茅。乍看之下，大家會說「壞」是人與生俱來的，古今中外皆同。沒有一個時代的人不用擔心小偷、強盜，也沒有哪個時代不出幾個喪心病狂的天才或庸才；壞的勢力有如詛咒似地跟著人類，固執地阻擋在人類追尋幸福與智慧的道路上，難怪在神話、宇宙起源論和神譜中，這些勢力皆佔有不可忽略的位置。弔詭的是，難道就因爲壞實在太普遍太常見，以致於我們無法以應有的態度來思考之、反省之？

爲什麼人是壞的？爲什麼會有恨和侵略的傾向？我們是否可以把壞看成一種體質特

徵？或毋寧說它是一種肇因於家庭教育和社會化過程的「文化現象」？這種討人厭的短處，這個「讓人退避三舍的缺點」——套用貝爾基（André Berge）博士的話——究竟濫觴於哪裡？換句話說，壞人爲什麼要使壞？壞人到底有沒有人性？如何辨認——而且各位接下來還會看到，這樣的辨識工作遠比我們想像的要來得微妙許多——一個人的好壞？壞的起點在哪裡？而人們又是透過哪些方式來抓出這個起點？可以確定的是，誠如之前我們所指出的，壞毋寧是相對而且主觀的，它就位於從大慈大悲直到窮兇惡極的那條座標線的某一點上。不過，這麼說似乎並未讓我們的討論向前推進多少。

這就是我們在第一波腦力激盪後的收穫。我們一開始便發現，要解決一些很基本面的問題，還是不得不借用——當然也要適可而止，一如一開始我們所承諾的那樣——善/惡，甚至「道德偏差」之類的主要概念。康德就認爲壞乃人性本惡的一種表現。

關於這方面的刻板印象非常之多，像是有些人被認爲天生就比較壞，譬如：黑人、個子小的人、男人或在尼采眼中遠比男人壞的女人……當然，壞人到處都是，而且樣子千變萬化。諸君可以在第四章的〈壞人眾生相〉中，將他們的惡形惡狀一覽無遺。這些壞人或受到權力欲望的驅使，或出於單純的爲惡最樂，他們混跡人群當中，向我們走來，有的明目張膽，有的躲躲藏藏。

壞人壞事對社會有沒有貢獻呢？如果沒有壞人，好人能夠被彰顯出來，並且愈來愈好嗎？如果人不具備做壞事的本領，說他性本善有任何意義嗎？有壞人，才有好人，既然一個只有好人的世界——一個只住著天使的世界——貌似子虛烏有……所以說，善良是爲了打擊壞人而存在的。

以上大概就是本書的綱領。我們主要是想將一個界限模糊的領域整理出來；說實在的，那些已經屈指可數的關於壞的研究，最後都會偏離主題，甚至變成在討論其他的東西，諸如惡、暴力、邪惡等等。根據西塞羅的明訓，我們每進行一項對某主題有系統的研究，必須從下定義開始，以釐清思路。故此，我們何妨以黑格爾的想法爲準，先將壞定義爲：一種故意對他人或對自己造成痛苦的意願；再說，接下來我們要借用黑格爾的地方還真不少。另外我們還要強調的是——這也本書的第二條主軸——與其將壞當成是對善（其存在與否都還很難確定[26]）的一種顛覆，還不如將它視爲違法亂紀、妨害風俗、擾亂社會和諧的行爲。關於最後這一點，我們和康德的見解可謂南轅北轍；對康德而言，壞只能透過道德來衡量，因爲某些在司法眼中沒有問題的行爲，就道德的眼光來看是壞的。

第章

一個很常見的行爲

壞人無孔不入，就在你我身邊。
我們就像獵犬在林子外便能聞到獵物一樣，
老遠就能分辨出他們的氣味。
不過他們的盧山眞面目究竟爲何？

善良與殘忍

任何人，即使是最善良的人，
對待動物，無意中總還存有暴戾之氣。

雨果《悲慘世界》

儘管接下來我們主要想討論的是「一般型」而非「戰士型」的壞，我們還是必須對後者稍作解釋，免得下文對此多費唇舌，除非偶一爲之。

長久以來，這種刀槍下的壞始終受益於某種程度的諒解，所以前人才會振振有詞地說「非戰之罪」，似乎一切戰場上犯下的燒殺擄掠皆不足怪也，然而我們接下來會看到，這兵不管怎麼當，總歸還是個壞人。所謂的士兵，就是必須盡力——甚至不擇手段——在沙場上擊敗敵人，無論這場戰爭的本質和代價是什麼。大家都知道，這種非置對方於死地的心態曾經——如今亦仍時有所聞——導致無以數計，甚至無以名之的極端野蠻殘忍的行爲；譬如，戰爭期間盛行刑求，無論對方的身分是軍人還是老百姓，至於那些一下就被化約爲「惡勢力」的戰俘，則常常受到侮辱凌虐。伊拉克戰爭讓我們見識到，即使如美、英這樣的民主國家，也會做出違反戰爭法和毫不尊重人性尊嚴的事情。

戰士型的壞，通常是從那些號召國民「保鄉衛土」、「效忠祖國」，甚至「維護優秀人種」等政治宣傳和口號中汲取養分。那些針對戰士的極端狀況而設計的特殊訓練，就是培養這種壞的沃壤：士兵在培訓中學會受苦，並能目睹將來敵人在自己的折磨下受苦而無動於衷，在他們的眼中，這些人不過是些「廢物」或「惡魔勢力的走狗」……當然，每次戰爭結束，我們都會聽到此起彼落的聲音說：「前事不忘後事之師。」只不過這樣的死亡遊戲仍不斷在世間上演。

至於「犯罪型」的壞，亦非本書關切的重點。因爲犯法通常乃蓄意爲之（這甚至構成犯罪的定義之一），所以壞在此一情況是無庸置疑的。

誰是壞人

壞人無孔不入，就在你我身邊。他們無論是天性使然還是多重人格，總之已經將我們團團圍住。我們就像獵犬在林子外便能聞見獵物一樣，老遠就能分辨出他們的氣味。不過他們的廬山眞面目究竟爲何？又該怎麼稱呼？大家都知道，壞人有好幾個名字，包括我們習慣叫的和他們根據需要而自由運用的，譬如：混混、討厭鬼、土匪、無賴、老大、混帳（沙特最喜歡的用語）、人渣（薩科奇（編注）最喜歡的用語）……物換星移，這些名稱或許會隨著改變，不過當我們每次翻開「壞史」時，準時赴約從不缺席的總是那幾種類型。總之，多虧了這些，我們才能夠對「人性」、「人類的情境」侃侃而談（相信大家對兩者都很有經驗），並斷言只要是人，都會至少偶一爲之地使壞。有些哲學家，譬如霍布斯，甚至主張「人其實是一匹會害人的大野狼」；這麼說也許對大野狼不太公平，因爲牠絕對不像我們想像中的那麼壞。另外還有一些以盧梭爲代表的樂觀派，認爲人其實是善良的，尤其當他剛脫離野蠻狀態之際，人之所以會變壞，是因爲他進入了社會。團體生活破壞了人的善良本性。

誰好誰壞？又是根據誰的標準？正如我們前面提過的，主觀在此起著決定性的作用。對弱者來說，強者就是壞的；站在羔羊的立場，野狼和大老鷹都很壞，雞群避之唯

編注：Nicolas Sarkozy，法國第六任總統，二〇〇七年五月十六日正式就任。

恐不及的是狐狸，老鼠一見貓兒便要躲起來等等……在這裡，所謂的善類即不會造成他者的痛苦，沒有侵略性、報復性等等。

至於人類，那些有錢有勢的算不算壞人呢？對弱勢者而言，他們絕對是的。尼采就不斷地強調這一點。不過，果眞如此嗎？答案可以說是也可以說不是。如果這些人是透過投機取巧的方式才爬上去的，那他們就不是什麼好人；笛卡兒說過，當我們擁有不該擁有的財產時，就某種程度而言是在製造別人的痛苦。如果不是，那或許還有商榷的餘地。

然而大家想必也已經察覺到，眞理既無所不在又一無所在。只把人分成「好人」和「壞人」，實在也太過簡化了！有沒有可能「好人」和「壞人」其實是同一批人，只不過他們會視情況決定要扮演的角色？專門研究兒童的心理分析家梅蘭妮·克萊（Mélanie Klein）曾說，人類的攻擊性是與生俱來的，而我們終其一生，都在試圖用愛擺脫這種攻擊性——可不是嗎？人們在追求愛的時候，常常表現得像個狂熱分子。

說到這裡，也許我們可以再來討論一下人類的「壞的傾向」。這方面的例證可謂多如牛毛，譬如，左拉的小說《盧貢家族的發跡》（*La Fortune des Rougon*）中席勒維爾那個十三歲的小女朋友蜜桃就曾說：「我想變得很壞。」這也許就是壞對人的一種吸引力。原來壞不但魅力十足，而且具有感染力。在不斷注視它的情況下，我們最後會迷戀上它；「那些和怪獸對抗的人，」尼采說道。「要小心自己有天也會變成怪獸，就像盯著深淵看，最後深淵會反過來將你滲透(27)。」

孩子們無論如何對這點皆有認知。他們的遊戲中永遠少不了的是「壞人」的角色，當然，和壞人對抗的還有「好人」。小孩子會理所當然地認爲，壞孩子都比較喜歡演壞人（至於是出於習慣或天性，我們下面還會討論），因爲他們平常沒有玩的時候就已經很壞了（至少大家都這麼說），所以這對他們來說並不會太困難。小孩還覺得好孩子其實不會在乎當好人還是壞人，這兩種他們都可以演，就看當時的心情。

我小時候也和其他小孩一樣，會玩一些好壞大戰的遊戲，其中印象最深刻的就是牛仔和印第安人。在我們那個時候，壞人當然就是印第安人，因爲他們不但看起來很壞，還無惡不作；他們能削幾個牛仔的頭皮就削幾個，還管牛仔叫「白面鬼」，就因爲牛仔的皮膚是白的。好人的話，就是牛仔，因爲他們不但看起來很好，而且行得正坐得直；他們負責看管牛群，住在草原上或其他什麼地方的幽靜小屋裡。現在，我長大了，才知道兒時遊戲中的好人並非眞的那麼好，知道他們原來都在騙那些印第安人，盡其所能地掠奪人家的財物，尤其是土地，而且還能宰幾個就宰幾個。我也知道住在美國大西部的印第安人並沒有我小時候想像的那麼壞，他們跟白人一樣很愛他們的妻兒，跟白人一樣不想惹是生非，只想在他們或在草原上或在山上的老家安居樂業。

換句話說，好人壞人的界線並不是那麼容易可以劃定的。誰不曉得像西班牙、葡萄牙、英國、法國這幾個大的殖民國家，也曾高舉著基督教文明的旗幟，對美洲印第安人做出相同的事情，而且他們還一下子就把人家叫成「野蠻人」，好更順理成章地對其施以掠奪和殺戮！要知道時至今日印第安人雖然不再該死（因爲也所剩無幾），但還是有美國人對某些伊拉克人欲除之而後快。他們雖高舉民主和自由的大纛，然而司馬昭之心盡人皆知：如果美國人想要這些伊拉克人的命，那是爲了竊取伊國的石油資源，以及伊國人民的人性尊嚴。

可以確定的是，就像沙特口中的地獄一樣（對同胞毫無感情的他可謂頗得箇中三昧），壞人亦「即他人」。我們通常會把壞從自己身上排除，情願把自己說成是不正義和非理性的受害人。沒有人喜歡當壞人；壞人這個名號聽起來實在不怎麼好聽！即使是連續殺害七名少女而被判無期徒刑的重大刑犯艾米．路易（Emile Louis），也不願扮演這個在眾人眼中極不討好的角色，所以他後來乾脆翻供，完全否認之前已經認下的指控。

總之，就算我們誠心誠意，但是想從自己身上觀察出什麼壞行爲，難免會陷入自欺欺人的窠臼，因爲我們那使壞的傾向其實有一大部分是在我們不知道的情況下作用的，所以自己是看不見自己的壞。換句話說，我們就是太害怕自己內心深處的那股黑暗力量，所以通常不會接受將它視爲一種人格上的問題，壞就這樣老是被我們排除在自身之外。

「人鼠之間」：從假設的獸性到眞實的人性

要探討人之前，有必要把動物先搞清楚。誠如雨果所言：「禽獸不過是人類美德和惡習的象徵(28)。」

我們通常將動物分爲家畜和野獸兩大類。前者因是家裡養的，多半性情溫和，後者尚未被馴服，具有危險性。不過我們還可以作另外的分類，譬如，把牠們分成殺手型和被害型；殺手型包含了肉食動物和獵食性的昆蟲、爬蟲類、鳥類、魚類等等，而被害型即遭殺手型用來塡飽肚子的獵物。

有些動物於是就這樣變得聲名狼藉。這其中又以狼爲甚，這隻可憐的動物幾乎自古以來就是人類憎恨的對象。大家小時候可能都讀過拉登封的寓言《狼與羊》（*Le Loup et l'agneau*），「殘酷的」大野狼捉住正在喝水的小羊並且「不由分說」地將牠吃掉。拉封登一共寫了七個跟狼有關的寓言，又譬如《狼群和羊群》（*Les loups et les brebis*），寓言中的狼群先是和羊群以及牧羊犬達成和平協議，然後又毀約將牠們全部吞噬，作者於是做出結論：「對抗壞人之戰應永不止息。」狼甚至能激發人們很大的恐懼感。雨果在《悲慘世界》中，就把惡名昭彰的加斯帕爾白匪幫比喻成「一群惡狼」。事實上，只要跟狼沾上邊，哪怕僅限於語義學上的，就不是好東西。比如說狼人——既指一種想像中的怪物，又指那些患有變狼幻想（lycanthropie）的病患——狼猞猁（猞猁）、狼草（烏頭）等等。十三世紀以降，狼甚至衍生出許多意味著殘酷、兇猛和狡詐的諺語和隱喻，譬如：似狼非狗（譯注一）、餓得像頭狼（譯注二）、餓火逐狼出林、走狼步（譯注三）、狼冷（不過，有時我們也說鴨子冷）（譯注四）或者落入狼吻（譯注五）。無論什麼時代，世界上不少地方的人都怕狼，認爲牠會帶來厄運。在很多神話中——譬如埃及、希臘、斯堪地納維亞、日耳曼——狼皆與黑夜、死亡或戰爭有關。眾所皆知，基督徒認爲狼即誘惑和原罪的同義詞，偶爾則象徵神怒，譬如名聞遐邇的森林怪獸（譯注六），若照芒德主教沙瑟波培（Choiseul-Beaupré）一七六五年頒布的訓諭，就是一個明顯的例子。在教會人士的筆下，狼和魔鬼常常被連結在一起——這種連結我們也常在各地的民間傳說中看到。貝特罕（編注七）認爲：「狼乃來自荒野的摧毀者，代表了一切反社會、無意識和吞噬的勢力，我們不該坐視這些勢力的入侵，並應運用自我力量將之消滅(29)。」

在所有以「壞」（目前我們仍懷著謹慎的心情在使用這個字，並且不排除在恰當時機對「壞」字的「壞」義做確認或揚棄）著稱的動物中，有些會被視爲非常有害而且危險，而第一個令人想到的就是蛇。蛇這種動物的際遇說來也很奇妙，牠雖然在很多文化中被當作知識和科學（以及死亡和復活）的象徵，但對基督徒而言，蛇竟成了罪惡的化身，人類墮落的罪魁禍首，魔鬼在地上樂園中用來引誘夏娃的工具。正因如此，所以我

譯注一：指黃昏時因光線灰暗，令人無法分清是狼還是狗。
譯注二：形容很餓很餓。
譯注三：形容非常輕盈的步伐。
譯注四：指嚴寒的天氣。
譯注五：指處境危險。
譯注六：一七六四～一七六七年間法國南部鄉間轟動一時的野獸咬死人事件，約有百名受害人，但究竟是什麼野獸所爲，至今仍是個謎。
編注七：Bruno Bettelheim，一九〇三～一九九〇年，心理學家。

們不喜歡蛇，尤其是像蟒蛇或眼鏡蛇這類實際上眞的有害、可以置人於死的毒蛇。我們更不喜歡鱷魚和老鼠。人類對老鼠的壞評實在不少，譬如說牠找到什麼就吃什麼，又說牠骯髒，會傳染疾病。就因爲老鼠讓人想到黑暗和骯髒，算是最受唾棄的齧齒類。不過鼠群的確見不得自己的地盤被外來老鼠侵入，甚至會表現出極端的殘忍，將外來者活活分屍之說絕非誇張。人對鼠輩則是一心欲除之而後快，波蘭導演札爾內可基（Andrzej Czarnecki）的《捕鼠人》（*Le chasseur de rats*）中，描述的就是一個獵人如何利用一小撮食物引誘那些老鼠，接著又在食物裡下毒的故事。地上爬的害物黑名單何止於此，又譬如那長得十分不顯眼、躲在暗處欲置人於死地的蝰蛇，甚至某幾種類的螞蟻，其所作所爲簡直與蓄奴主義者無異。海裡游的，就數鯊魚名聲最不佳。或曰鯊魚乃一嗜血成性的獵食動物，見到移動物體——包括人——就要發動攻擊，不過這種說法今天已被證實爲過度誇張。至於天上飛的，無論什麼樣的猛禽類皆被視爲壞蛋，最壞的首推禿鷹和老鷹。還有別忘了某些昆蟲，譬如一種鞘翅目的棒角甲蟲（Paussus），會很要不得地以活吞螞蟻爲樂。

得人望的畜生當然也是有的，譬如，地上跑的老鼠（尤其是白老鼠）、馬（無論是賽馬還是拉車馬）、狗、貓，以及不會害人、和蝰蛇截然不同的遊蛇；河中泅的有蝦子，海裡游的有海豚，大家想必都還記得影集《慧童與海豚》裡面那隻既勇敢又善良、有恩必報的海豚飛寶吧？

然而，上述分類不見得禁得起嚴格的分析。所謂的好與壞都會隨著不同的境況、時代和養殖條件，或成立或瓦解。譬如，小老鼠這種性情非常溫和的動物，一旦分屬不同群體，彼此會變得侵略性十足，然而若將牠們與大老鼠混在一起飼養，這種侵略性便又銷聲匿跡。又根據動物行為學家羅倫茲的觀察，象徵和平的鴿子其實會將同類活活凌虐致死而毫不手軟。還有在現代西方社會中被當成寵物的貓，中世紀的人會慎重其事地為牠舉行審判，然後送上火刑臺燒死；貓在卡巴拉（譯注一）和佛教中甚至與蛇有關，是罪惡的象徵，佛教徒並且宣稱貓是唯一在佛滅之後未曾感到傷心難過的動物。偶爾會吃掉小孩的豬，過去也曾經遭到同樣的對待。我們還可以舉山羊為例，那隻為我們製造了不少歡笑，在電影《富杭索瓦一世》（François Ier）中狂舔慘遭「山羊刑」的費南德爾（譯注二）那雙滿是鹽水的腳丫子的山羊，其實曾經被視為「魔鬼的動物」。

譯注一：Kabbale，一種猶太神祕學。

譯注二：Fernandel，一九〇三～一九七一年，法國喜劇泰斗。

事實上，各文化對某種動物的好壞，見解不同，西魯尼克（編注）告訴我們，在許多文化中——尤其是希臘和埃及——被視爲神的猴子，其實就跟貓、豬和山羊一樣，亦遭到舊時代的歐洲基督徒的妖魔化。十七世紀歐洲人初見生活在亞、非的人科猿猴，把牠們描繪成半獸人，一群荒淫的造物，專門調戲和姦淫婦女。同樣在十七世紀，當歐洲人將公山羊看成惡魔和肉慾的化身，以色列人卻認爲這種動物可以用來洗滌人類的罪惡，此即「代罪羔羊」一說的由來。

動物和人類一樣，彼此之間也存在著「世仇」，而這一類的關係會讓牠們原先的好壞形象不變。譬如狗和貓，若有人「相視如貓狗」，那絕對不會有好事，至於玩「貓捉老鼠」，也不會好到哪裡去——我們都知道貓爲了將「敵人」（無論是老鼠、小鳥還是魚）手到擒來、生吞活剝，就是有辦法數小時埋伏不懈，其作法和狼對羊，或狐狸對雞完全如出一轍……於是我們才恍然大悟，原來像貓這種公認的好動物，也會搖身一變成弱肉強食的壞蛋，而且這跟前面提到的文化因素一點關係也沒有。某種動物的好或壞，其實未必與牠實際上的行爲相符。譬如大家都認爲骯髒的豬，其實並不如我們想像中的友善——自古以來，被豬吃掉的人要比被狼吃掉的多。

侵略性或壞？

前面提到，大家在言語間——尤其在談論動物的時候——對攻擊性一詞的偏好要更勝於壞。的確，這兩個詞常常被搞混，儘管兩者是以各自表述的方式傳達了暴力的意思。那麼，我們究竟可不可以將它們當成同義詞使用呢？

大家都知道，人和動物最基本的不同在於本能。動物的本能非常強，這就是爲什麼動物當了母親之後自然就知道該怎麼做，因爲，根據羅倫茲在《攻擊的祕密》（*L'Agression*）中的說法，牠們具備了一種「關切自己下一代的本能」。由於天性中非常強烈的抑制作用，母獸不會有虐待幼子的行爲。佛洛伊德在他的《狼人》中，亦曾提及動物這種「浩瀚的本能知識」。因此我們在這裡也可以提出「攻擊本能」一說。「侵略性」較受動物行爲學家的歡迎。

不過，我們還是要先強調一下幾個事實。大家都知道某些動物會顯得特別粗暴和殘忍，甚至對自己的下一代亦然。譬如，雄性獼猴常常會攻擊牠們認識的母猴的小孩，對

編注：Boris Cyrulnik，一九三七年～，法國行爲學家、神經病學家、精神病學家。

這些小猴痛下殺手。成年海鷗也會故意攻擊小海鷗，以至於小海鷗必須小心翼翼地避開牠們的父母。獅子則偶爾會吃掉自己的小孩。還有魚對待別種生物皆不如對待自己的同類那麼殘酷。對上述的動物來說，這麼做都是爲了保護「家族」的地盤，或是爲了讓該族群能夠較平均地分布在某個範圍內，以免產生族群過剩的問題。

雄性是否比雌性更具攻擊性？一般說來答案是肯定的。譬如，有人解釋成年的公黑猩猩之所以較具攻擊性，是因爲幼時相對於其姊妹受到母親更多的懲罰。不過此一說法亦切忌泛化。一旦涉及保護我群領土或爲了營造較佳的交配條件，雄性和雌性顯露出來的攻擊性可謂不相上下，此一觀察之於鳥類和哺乳類尤爲眞切。在上述情況下，攻擊的對象主要是闖入者，而且或多或少有拼個你死我活的意思。當雌性察覺自己的小孩受到威脅，或有外來家族想要介入其族群時，會變得頗具，甚至深具攻擊性。動物學家還發現，雄性對雌性通常不像對其他雄性那樣具有攻擊性。又根據羅倫茲對魚的觀察，證實幼獸要比成獸更具攻擊性，而且這樣的情形就脊椎動物而言普遍成立。

話雖如此，但動物展現出來的攻擊性，似乎大多也只針對外來個體，亦即羅倫茲所謂的「差別待遇式的攻擊」。這樣的攻擊性可以促進同一家族中成員間的團結互助。

動物的攻擊性是否爲一解決物種需求的生物現象，一種保證物種綿延不絕的基本本能？以羅倫茲爲首的一些動物行爲專家對攻擊性的研究皆傾向這樣的解釋。根據他們的研究，攻擊性最主要的作用，在確保個體數量於有限的空間和資源下能夠有最均衡的分布，最不適應環境的個體會因此消失，唯有利於種族延續的強壯個體能生存下來。換句話說，動物的攻擊性和人類的侵略性最大的不同在於前者是一種防衛性的攻擊，而且是有效益性目的的——確保個體的安全和群體的凝聚。只有人類的侵略性並非基於任何生存的考量，而是純粹爲了一己的樂趣。

不過不是所有的動物行爲學家都贊同這種說法，譬如有人就主張動物身上既沒有攻擊的天賦，亦無戰鬥的本能，只有某些看起來像是攻擊行爲的對外來刺激的反應。許多神經生理學和心理學的實驗研究也都證明了攻擊作爲一種本能衝動的理論是無效的；攻擊行爲可能只是一種針對某些威脅性的訊號或刺激所做出的反應。換句話說，攻擊性也許根本是被動的。

至於人類，我們是不是也具備了一種像羅倫茲所堅稱的那種「攻擊本能」呢？人類絕對會在很多情況下顯露出攻擊性，但這是否可以歸咎於……譬如忙碌緊張的都市生活？抑或此乃人類心理現象的某種特徵，從而解釋了攻擊行爲的自發性？我們知道，佛洛伊德後來在《狼人》中也有點爲時已晚地承認，人身上存在著一種和挫折感有關的攻擊衝動，只不過這層關係後來又被以美國作者爲主的許多研究所推翻。這些研究指出，即使在絲毫未曾受挫的兒童身上，攻擊衝動仍十分活躍，這點我們在後面還會討論。

最後，我們還要問一個更基本的問題，動物的天性中究竟有沒有「壞」這種東西？讀者諸君想必都曾見過一些別墅大門上掛著「小心惡犬」的牌子，警告路人莫太靠近，以免被專門受到惡犬訓練的大狗咬了。我們或者可以這麼問，動物除了憑本能之外，是不是也會受到壞性——亦即「判斷力」——的驅使而行動？動物會不會有意識地對同類造成痛苦？有些人——通常是科學家——認爲會，有些則否。總之，除非是很特殊的情況，動物行爲學家才會使用「壞」或「壞蛋」這樣的字眼。像我們前面提過的羅倫茲，就幾乎沒說過，頂多在《攻擊的祕密》中曾經這麼寫道：「在地球漫長的歷史上，肯定有過一些極壞、極具有侵略性的動物(30)。」

我們知道動物爲了求偶或覓食，有時會對競爭對手萌生殺機。一九六九年珍．古德於岡貝保育區進行的一項研究顯示，當黑猩猩想要保護自己的地盤時，出手會很重；在珍．古德眼中，那樣的打法分明是想置對方於死地。原來，動物世界的一般作法，亦即重挫敵人並令其逃之夭夭（目的在嚇阻並提醒對方強者爲王的遊戲規則），在此已經無法滿足牠們，牠們會將對方打死。根據珍．古德的記載，牠們甚至活活將一頭小黑猩猩吃掉，無視於對方的尖叫和企圖逃跑的拼命掙扎。有些研究人員會認爲這已足以構成某種「謀殺行爲」。羅倫茲其實並不排斥這樣的概念，當他提到史丹尼傑（Steininger）的實驗時，曾說某些老鼠在殺害其他老鼠時簡直與「職業殺手」無異，牠們會先抓住受害人的脖子，咬斷對方的頸動脈。著名的法國昆蟲學家法布爾，也曾用過「兇手」這個詞來描述一隻泥蜂是如何將一隻螽蟴弄死的。他觀察到泥蜂「先將自己有毒的螫針刺進受害人的頸部，接著又刺進前面兩個胸節之間，最後再刺腹部。在遠短於敘述整個經過的時間裡，一樁謀殺案就這樣完成了(31)。」不過法布爾話鋒一轉，指稱「這三刀」實爲那「基於本能的先天知識」之證據，而非人與人之間蓄意而爲的眞正謀殺。

綜上所述，我們似乎可以將某些動物安上「壞的」，甚至「兇手」的標籤，然而到目前爲止，這些結論仍未被科學家全面採納，所以，在更有說服力的證據出現之前，我們還是必須接受動物不會像人那樣爲非作歹（遑論「作奸犯科」）的概念，因爲牠們沒有這麼做的意識。如果有些雄性會痛打那些「行爲不端」——譬如不順從或舉止有如雄性——的雌性，但就像黑格爾說的，動物「雖有欲望和傾向，卻缺乏任何理性意志(32)」；動物會憑著本能去追求一個牠們沒有選擇的目標，牠們爲了自衛或覓食而變得殘酷無比，這也說明了牠們的行爲是如何受到基本需求的支使，所以不能用「壞」來形容牠們。

總之，誠如史前考古學家查爾尼耶（Jean-François Charnier）所言，壞大致上是一種「攻擊的智能」。我們或許可以說某些動物——尤其是野生的——因爲有時會出現非常兇暴和殘忍的行爲，所以被認爲具有危險性，但是我們無法就此判定牠們本性的好壞。

那麼，動物究竟有沒有情感呢？人類和那些被稱爲「高等動物」、大腦相當發達的動物之間，是否不存在著本質上的差異，而僅有程度上的不同？

動物行爲專家告訴我們，如果人類天生有七情六慾，那麼動物也能感受到各種感覺；牠們知道快樂和痛苦，曉得要避苦求樂。布逢（譯注）就認爲禽獸有一種「感受意識」（conscience sensible）。動物的感覺有時會很強，爲了不和人類的情感生活搞混，在此我們姑且稱之爲「情意感受」（sensation sentimentale）。羅倫茲常常強調動物的情緒其實很豐富：「我非常確定一隻狗或鵝會像人那麼憂傷，因而痛苦的程度也不下於人類(33)。」他曾提及一隻狗的例子，那隻狗在主人去世之後，開始出現一些奇怪的行爲：「……之前沒有任何侵略性的牠，竟然會把雞咬死，漸漸地行徑變得完全像一匹狼。」羅倫茲的結論是這隻狗得了精神官能症。同樣地，在被迫與母親或同齡伙伴分開的小猴子身上，也會和人類嬰兒一樣，出現階段性的抑鬱症狀。由於這種被羅倫茲稱爲「感性記憶」的作用，動物於是能夠產生我們前面所謂的「情意感受」——這其中又以愛情感受最爲強烈。動物跟人一樣，也會在牠們的愛情關係裡表現出粗暴的樣子，甚至比人還激烈；但牠們也曉得如何更勝人一籌地，用柔情萬千的方式追求異性，將牠最有魅力的一面展現出來；譬如，很多鳥都會用歌唱、絢麗的羽毛，甚至舞蹈吸引雌鳥的注意。

禽獸既然知道什麼是愛，也就曉得恨和妒忌。羅倫茲曾講過兩個例子，對我們了解動物的嫉妒心很有幫助。話說住在士麥拿（Smyrne）的居民都知道雄鸛對雌鸛的獨占欲望非常強烈，結果有天有個好事者突發奇想，拿了母雞的蛋偷放在雌鸛的鳥巢裡，結果雄鸛一見到這些孽種，大發雷霆，在幾個同夥的助虐下，竟然將雌鸛太太碎屍萬段。長尾猴也是眾所周知的醋罈子；幾年前有兩隻母長尾猴，本來相親相愛地住在一起，從來不吵架，而且很有默契，常常體貼入微地爲對方做些小服務。後來，這兩隻母猴一起被放進另外一隻公猴的籠子裡，公猴馬上看中其中一隻，結果另外一隻非常生氣，開始

譯注：Buffon，一七〇七～一七八八年，法國著名的博物學家、數學家、生物學家。

發出很可怕的尖叫聲。公猴忍無可忍，終於決定親自收拾這個讓牠不能好好談情說愛的電燈泡，狠狠地教訓了那隻母猴一頓。後來，搗亂的母猴被從籠子裡撤走，公猴才得以和意中「猴」終成眷屬。

那麼動物有沒有智慧呢？這讓我突然想起從前我們老師在一堂哲學課上說——和普魯塔克（譯注）唱反調——這是一件我們永遠無法想像的事情，不過，她又加了一句，老鼠例外。羅倫茲亦認為他從動物身上看不到任何可以幫助牠們走出悲傷陰影的理性和智慧。同時，如果說人會思考，那動物（尤其是高等的）為了擺脫某種困境，似乎——至少在某些情況下——能夠判斷和下決心，甚至操控。關於這點，西魯尼克曾在《猴子的記憶與人的話語》（*Mémoire de singe et paroles d'homme*）中提及「沒有語言的思考」，因此我們可以說動物是具有記憶和想像力的。

於是，我們在動物身上見到了諸多可與人類各種德性品貌相呼應的情意感受。除了前面提到的憂傷和妒忌之外，還有狡猾和單純，懶惰和勤勞，說謊和誠實，知恩圖報和過河拆橋。一九八八年靈長動物學家懷頓（Andrew Whiten）與拜爾（Richard Byrne）曾對一百多位同行做過一項大規模的調查，最後的結論是靈長類很會撒謊！今天的神經科學專家也在類人猿和猴子身上觀察到諸如公平、同情和互惠等價值觀。人類和動物真正的不同，應在於動物主要將牠們的能力運用在滿足其生理需求（尤以進食和居住爲甚），而人類除此之外，還能把他們的想法組織起來。

如果說禽獸也知道行善，那我們就不得不問牠是不是也會「作惡」？動物的交配期是一個充滿挑戰的季節，對此科學家也做了很多觀察和研究。我們知道像癩蝦蟆這種平時很溫和的動物，一到了交配季節就會變得很暴躁，爲了獨占母蝦蟆，不惜大打出手。烏龜也會鬥得不可開交，誰能夠令對方四腳朝天、動彈不得，誰就是贏家。同樣也會這麼做的還有野兔、海豹（打輸的公海豹只有投水一途）、鹿和野豬（牠們爲了能夠和母豬交配，不惜拼個你死我活）。總之，許多動物在發情期因爲受到突如其來而且一發不可收拾的性激素作用，彼此妒忌，爭先恐後地博取追求對象的青睞，牠們會互相格鬥，強凌弱，大欺小，一心一意想在交合之際成爲性伴侶唯一的入幕之賓。不過這場春夢不見得都會有好的結局。像蠍子這種惡名昭彰的害蟲，一旦雲雨過後，母蠍會一口把老公吃掉，因爲這時她眼中看到的另一半只不過是個「很好吃」的陌生人。羅倫茲亦曾提及

譯注：Plutarque，約四六～一二五年，羅馬時代的希臘作家，著有《希臘羅馬名人傳》，主張人的性格決定其命運。

交配後的慈鯛科魚類兇惡無比，夫妻之間互相殘殺。最後再以女王蜂爲例，上了年紀的女王蜂爲保有地位，會潛進王台殺掉蜂王幼蟲。

然而這些動物的所作所爲是否出於蓄意，亦即如前所述乃具有價值判斷，總而言之就是受到壞性的驅使？這個眞得很難說。至於禽獸會不會比人類來得暴力，這個問題也還有很大的爭議。

世人皆美，世人都壞——連神也不例外？

暫且撇開人的層面不談，神——尤其是原始人的——似乎也曾經非常兇惡。多少牲畜，甚至人命，就是奉祂們之名被當成祭品犧牲了，以滿足祂們對眾生苦的胃口。此外，這些神就像尼采說的，還很喜歡取笑（這點也常常是壞的一個指標，我們以後還會提到）人類：「似乎連在舉行神聖儀式的時候，祂們都無法忍住不笑(34)。」超人哲學家如是說。

再論到基督教的眞神，人皆曰神就是愛，神愛世人。祂不是爲了他們而奉獻了自己的生命嗎？當然，這些都是信徒的說法，其他那些不信或不太信的人會大相逕庭地認爲，神其實是壞的，或至少祂的所作所爲看起來如此，祂故意讓人犯罪，以便接下來對他們嚴加懲罰；十三歲那年，尼采就很認眞在思考神究竟是不是一個好的天父。於是，這幫人把戰爭、飢荒、自然災害等一股腦兒全怪在神的頭上，尤其是人性本壞這一項。他們不明白神既爲神，爲何會讓世上有那麼多壞人？如果祂就是善，爲什麼會有惡？如果祂就是愛，爲什麼會有恨？這就是化學家列維的質疑，這位納粹集中營的倖存者宣稱：「我承認，奧斯威辛（Auschwitz）集中營的經驗徹底將我向來所接受的宗教教育擊垮了……既有奧斯威辛，所以不可能有神(35)。」

大家都知道約伯的故事。廉潔而正直的約伯本來十分受到神的恩寵，卻因爲撒旦的挑釁，神於是令祂這位忠僕慘遭人間一切苦難，就爲了看他是否會因此轉身而去。約伯認爲神這樣對他很不公平，然而面對他的質疑，神並未直接對他解釋原由，就這樣誤解愈積愈深。同樣地，那個後來變成「狼人」的小孩，也是在宗教氣氛濃厚的家庭中成長，他完全無法理解耶穌爲什麼會被釘上十字架。佛洛伊德後來在分析長大後的「狼人」時，曾經蒐集了該病患孩提時的諸多疑惑，然後對「狼人」的精神官能症做出以下的結語：「如果神是萬能的，那一定是祂錯把人造得那麼壞，所以人才會同類相殘還因此下地獄。神本來可以把人造好的，祂應該要爲這一切的惡和苦難負起責任(36)。」

那些根本不信神的，則認爲人間之所以無處不惡，神應難辭其咎。這世界不是神造的嗎？那祂就是沒有好好地造，祂實在可以造得更好。沃爾夫（Francis Wolff）的「這項指控」讓我們可以用人的理性將神送上祂自己的法庭。伊比鳩魯在他的《殘篇》中，已經將這個問題的各種可能情況詳述一遍：

神如果不是想消滅惡勢力卻無能爲力，就是祂有能力但不想這麼做，或者祂不想也不能，或者祂想而且也能。如果祂想但不能，祂就不是全能，故此說不適用於神。如果祂有能力卻不想，那祂就是壞的，然而神是絕對的好。如果祂不想也不能，那祂就是既壞且非全能，根本不能稱之爲神。如果祂想而且也能，雖然這才是眞正的神，那惡從何而來呢(37)？

總而言之，無神論者（及其同路人）會問神如果是善良而且無所不能，怎麼會容許壞人和作姦犯科之人在世上橫行？有信仰的人會馬上回應他們，那是因爲神讓人有所選擇，所以人也可以選擇當壞人。黑格爾抱持的就是這種看法。他認爲神同時是全能、智慧、善和正義，那些「壞人會壞到寧願讓自己和神成爲陌路(38)」。某幾個教會因此歸納出人類的苦難——譬如舊時的痲瘋和今天的愛滋等傳染病——都要歸咎，而且只能歸咎於人類本身。神不會介入人的生命，而是讓他對自己的自由負起全責，換句話說，神尊重人。

當然，這樣的推理在不信者眼中顯得取巧，甚至有強辯之嫌，難以服人。他們認爲這若非洩露出造物者之懦弱，就只能證明祂根本不存在。雨果曾說「神就是一大堆廢話」，以及尼采的那句「上帝已死」，言猶在耳，歷久彌新。神如果眞愛世人，就不會讓這一切慘絕人寰的事情發生；基本上，祂當初應該就只造好人。

面對這樣的說法，信徒的辯解是，如果這個世界上有壞人，到了最後審判之後，神會在另一個世界處罰他們。能夠被迎進天庭得永生的只有好人，至於壞人，就像那句俗話說的，會被「打入地獄被火烤」。對信徒而言，事情就是這麼簡單。

從現實到虛構：大野狼和壞後母，童話中的壞人

狼可以說是一種代罪羔羊；在童話中，通常都是牠在吃小孩。大家都知道《小紅帽》中的「大惡狼」，一心一意就只想把小紅帽吃掉。還有格林童話中《狼和狐狸》，

狐狸在裡面總算演了一次好人。故事大概在講狼因爲比較有力氣，於是命令比較弱小的狐狸去幫牠捉羊吃，並威脅如果捉不到的話，就要吃狐狸來代替。牠還要狐狸帶一些雞蛋煎餅回來。結果狐狸帶回來的東西，狼都吃不飽，牠只好每次都親自再跑一趟，不過牠老是被逮個正著，挨上一頓打。有一次，牠又被打得鼻青臉腫，最後瘸著腿回來。但更悽慘的還在後面。有天牠們又一起潛進一家肉店偷吃，狼大吃特吃，吃到無法從原先鑽進肉鋪的洞再鑽出去，不像狐狸肚子還沒吃得那麼撐。最後狼終於落網而且被殺掉。格林童話中還有一個較不爲人所知的《狼與七隻小山羊》，但故事要警告世人的，卻仍是我們耳熟能詳的「孩子們，我要到森林裡去一趟，」老山羊對七隻小山羊說道。「你們要小心，不要讓大野狼進到屋子裡來，不然牠會把你們連毛帶皮全都吃掉。」

這幾個童話故事——我們還可以加上《小拇指》——的情節都差不多，即主角先遭野狼吞食，然後野狼的肚子被剖開，主角獲救，必要時還會拿大石頭裝回去，結局是惡狼之死——因爲在童話故事中，壞人永遠無法獲勝，這個我們後面還會提到。總之，這幾個故事都在傳達一個訊息：狼是個殺手，而牠之所以能夠得逞，是因爲詭計多端——最常見的是喬裝，譬如在《小紅帽》中假扮成祖母；拉封登寓言中那個《變成牧羊人的狼》（*Le loup devenu berger*），雖然裝扮成牧羊人吉友的樣子，牠那個還是野狼的聲音卻讓牠露了餡。狼的詭計還不只這招，譬如在《三隻小豬》中，牠就曾試著用甜言蜜語哄騙最聰明的第三隻小豬，說可以帶他去市場或其他地方找很多諸如紅蘿蔔、蘋果等非常可口的食物。不過，媽媽們也會在一旁看著呢！在另外一則拉封登寓言《狼、山羊和小山羊》（*Le loup, la chèvre et le chevreau*）中，儘管狼成功地改變了自己的聲音，不過那隻小山羊非常小心，還是要狼先讓牠看看牠的腳是不是白的，這個狼當然做不到，結果一氣之下，竟然就跑回家去了。在另一則格林童話中，山羊媽媽在離開前也是諄諄告誡小羊們要如何認出大野狼——「聲音粗粗，腳黑黑的」。不過狼的花樣很多，牠把腳塗白，又裝出嗲聲嗲氣，終於騙過小羊，吃掉其中六隻，第七隻則很機靈地躲進時鐘的鐘殼裡。不久之後，羊媽媽回來，看到一地凌亂和第七隻倖免於難的小羊。她於是到野外找了半天，最後在一棵樹下發現呼呼大睡的狼。羊媽媽把狼的肚子剪開，然後就像我們前面說過的那樣，找回了六隻還活蹦亂跳的小羊。她接著在狼的肚子裡塡上許多石頭並縫好。狼醒了之後，覺得很渴，走到河邊想喝水，才一彎腰，就被肚子裡的石頭拖下水溺死了。在《三隻小豬》裡，大野狼最後掉進一只裝滿滾水的大鍋子裡，被最聰明的第三隻小豬吃掉。至於其他有狼出現的童話裡，譬如《列那狐的故事》（*Le Roman de Renart*）或《馬賽艾米的奇貓物語》（*Les Contes bleus du chat perché*）和《狼》（*Le*

Loup），這隻動物最後都沒有好下場。

我們很早就開始教小孩要怕狼，有些父母不是到現在還會跟不聽話的小孩說「你再不乖，就會被大野狼吃掉」嗎？拉封登寫過一則題爲《狼、母親和孩子》（*Le loup, la mère et l'enfant*）的寓言，裡面那個媽媽就斬釘截鐵地跟哭鬧不休的孩子說如果他再不停止的話，就要叫大野狼把他吃掉。佛洛伊德在《狼人》的分析案例中，也提到「狼人」的姊姊小時候很喜歡拿一本上頭畫著一匹直立向前行的狼來嚇他：「他（弟弟）每見到那個圖畫，就會像得了狂犬病似地尖叫，很害怕圖畫裡的狼會走出來把他吃掉(39)。」姊姊是個壞心眼的女孩，看到弟弟那麼害怕，反而感到高興。「狼人」小時候不僅怕狼，也怕很多其他動物，小至蝴蝶、毛毛蟲，大至馬，雖然他也不是沒有虐待牠們……。

至此，也難怪狼人小時候作惡夢，第一個想到的就是狼，他怕被狼吃掉。狼有尖尖的耳朵、伸長的腳和凸出來的利爪，看來絕非善類。誠如佛洛伊德所言，狼代表粗暴而威權的父親，是狼人兒時所懼怕的對象。更不巧的是，他還有一個小學老師姓沃爾夫（Wolf），這個字在英文裡剛好是「狼」的意思！我們前面提到貝特罕也說過破壞性極大的野狼，象徵反社會和無意識的勢力，對此人人皆應學習如何運用自我的力量與之抗衡。直到今天，某些諸如「投身狼吻（譯注）」等成語，對大人來說就絕對不是什麼好事。還有，人們不是都會提防那些政壇或財經界的「少狼」嗎？足見現實生活中所有的壞人都應該有幾分類似某種具威脅性的可怕動物，牠的外型就像那頭時運不濟的大野狼，吾人對之切切不可掉以輕心……。

人爲什麼不喜歡狼呢？西魯尼克曾提出一個在科學上很站得住腳的解釋。他認爲，在剛開始有人類的遠古時代，狼是人在獲取生活所需的獵物時的直接競爭對手。然而狼是非常優秀的獵食者，自有一套幾乎軍事化的狩獵戰略：狼群會先將驚惶失措的獵物群團團圍住，並攻擊那隻跑得最慢的，最後絕對不會空手而還。人狼之間的敵意就是這麼來的，而且還一直延續到西元前一萬年左右。之後，在目前尚不十分明瞭的狀況下——也許是因爲收養了失去雙親的幼狼之故——人竟然馴養了狼裡面最溫馴的那群，而這些狼經過時間的流轉，就成了今天非常聽話的狗。至於其他的那些狼，仍繼續攻擊人類的畜群。所以人非常討厭牠們，直至視之爲惡魔的化身。狼的殺手形象早已深植人心；大家只消看不久前在庇里牛斯山區發生的好幾起羊群被攻擊的事件中，狼如何成爲眾矢之

譯注：意思是「羊入虎口」。

的，引來群情激憤就能明白。有人爲了讓這種恐懼更站得住腳，還指控狼會攻擊人。這確實發生過，不過是在糧食短缺的非常時期，譬如遇上戰爭或飢荒，人獸之間爲了基本生活所需重新進入競爭狀態。

「競爭」這個字眼宛如主旋律般重覆地出現在我們對狼的想法裡。這似乎是人討厭狼的潛意識主因。更何況這種動物非常狡猾，會設陷阱來耗盡獵物的力氣。牠並且能在各種生態環境中以最低的生存條件存活。這麼說來，狼眞是不折不扣，像俗話所說的「奧客」。另外一個討厭狼的理由是，長久以來牠一直是狂犬病的散播者。要知道，直到一八八五年巴斯德（Pasteur）發現疫苗之前，狼在法國每年要咬死一百到一百五十個人，更不用說在戰場上牠是專門清理屍體的那一個。

最後一個但絕非最無關緊要的解釋是，狼和人類很像。狄諾拉（Alfonso Di Nola）就曾指出，狼的不幸就在於和人太相似。狼群的社會組織、生活方式都和我們很接近，譬如一夫一妻、老「狼」掌權、注重對下一代的哺育，算起來共同點還眞不少。

然而狼眞的是魏爾蘭（編注）詩中所稱的那麼「歹毒兼齷齪」嗎？這種動物的壞名聲起碼是被誇張出來的。但還是有些跟好心的狼有關的故事，譬如羅馬神話中阿爾巴城的女繼承人王位不但爲叔父所篡，一對雙胞胎兒子，即後來的羅馬建城者羅姆魯斯和雷姆斯，亦遭惡人扔入台伯河，幸運的是被一頭母狼救起，在母狼的哺育照顧下長大成人。義大利著名的漫畫和卡通人物「亞貝托狼」，也是一隻友善的狼。好狼在眞實生活中也不虞匱乏：法國境內的狼隻在一九三〇年代被驅逐殆盡後，直到一九九二年才又從義大利重返，而且重返至今一直未有襲擊人類的案例發生。

童話中另外一個有名的壞人是後母。後母通常是爸爸的第二或第三個老婆，通常她一點都不喜歡前妻生的小孩。後母在兒童故事或小說裡是常出現的角色。像在格林童話《糖果屋》中，後母見家中經濟困頓，養不起兩個小孩，便和父親商量把他們帶到森林裡遺棄。父親儘管不情願，但還是同意了。不過，由於一些在此無須詳述的狀況，孩子總是能夠脫離險境，連碰到一個想把他們吃掉的壞巫婆的那次也不例外。故事最後圓滿收場——巫婆和後母雙雙斃命，父親與孩子們團圓，一起過著幸福快樂的日子。

另外一個例子是《白雪公主和七矮人》。白雪公主爸爸的第二任妻子因爲無法忍受白雪公主長得比她還要美麗，所以叫一個僕人把白雪公主帶到森林裡殺掉，並將她的

編注：Paul Verlaine（又譯魏崙），一八四四～一八九六年，法國詩人。因第二本詩集《戲裝遊樂圖》（*Fetes Galantes*）而出名。

肝臟挖出來。然而僕人禁不起白雪公主的哀求，便偷偷將她放了，並改帶小野豬的肝回去覆命。過了一些時日，皇后從魔鏡那裡知道白雪公主不但沒死，而且還住進了小矮人的家，於是決定親自除掉白雪公主。她先化裝成一個老太婆騙取白雪公主的信任，然後慫恿她用一把有毒的梳子梳頭。白雪公主中計倒地，不過仍被小矮人救活。皇后再接再厲，又拿了一顆毒蘋果給白雪公主吃。白雪公主受不了誘惑吃了，便一命嗚呼。小矮人無奈，將她斂在一副玻璃棺材裡。後來一個王子經過看到了，便買下玻璃棺材。一個笨手笨腳的小廝抬棺材時不小心，讓棺材掉在地上摔得粉碎。不過毒蘋果也在此時奇蹟般地從白雪公主的喉嚨裡彈出來。最後的結局是，王子迎娶白雪公主，壞皇后也死了。

另一個有名的壞心後母，就是灰姑娘爸爸的第二任老婆。後母強迫灰姑娘做家中一切家事，於是灰姑娘白天穿得破破爛爛，晚上就直接睡在地上。她兩個同父異母的妹妹對她更是特別惡劣，不過最後惡有惡報，被鴿子啄瞎眼睛，在黑暗中度過餘生。

哈利波特的故事也算是個壞後母的現代版。哈利波特從小失去雙親，跟著並不喜歡他的姨父姨媽生活。因爲想要獲得關愛，哈利波特才會開始去想像自己有超能力。他透過想像對周遭環境進行改造，藉此擺脫那個對自己很壞的現實世界。

在結束本節之前，我們還要強調一點，那就是除了狼和後母之外，壞其實還有很多其他的化身，譬如巨人和龍（男性），巫婆和陰險的皇后（女性）。

童話故事都在勸人爲善。如果說惡勢力在童話中和善良的一方旗鼓相當，並皆已形象化爲某幾類人、某幾種動物或某些典型行爲，它到頭來還是會被打倒——就算一開始總是佔上風；本來趾高氣昂，詭計得逞的壞人，最後必然一敗塗地。童話和現實生活不一樣，在童話中一定是惡有惡報，善有善報。另外，這些童話也告訴我們，好人不好當，成功得來不易——要通過考驗才能獲得勝利。

我們全都是壞人嗎？

這個紅塵裡誰是壞人？人人皆是。誰沒有過作惡的幻想？誰不曾想像過讓那個令他痛苦、教他生不如死的人永遠從世界上消失？之前我們已經有過好幾次預感，也許眞的是「時機造壞蛋」。大家不都認識一、兩個這樣的駕駛人：他們平常是和藹可親的好丈夫好爸爸，一旦出去和朋友喝了酒，回來路上握著轎車的方向盤，就會變身爲不折不扣的壞蛋，口出穢言，粗暴易怒。尼采也說過，連哲學家都可能變成壞人；伊比鳩魯就曾點名柏拉圖，說他「有壞人的樣子」，此言既在嘲弄柏氏對西拉庫斯（Syracuse）的暴君多尼斯（Denys）有阿諛奉承的跡象（只爲了向後者推銷自己的政治體系），亦是取笑他那種隨時隨地都想要出鋒頭的傾向與戲子無異。照這種用法，壞簡直是再正常不過的事。

由此可見「正常」和「病態」間的那條界線有多模糊。也許就像我們前面提過的梅蘭妮．克萊所主張的，每個人的內心深處都有某種侵略和使壞的潛力，而他會視情況和需要來動用這份「本錢」。換句話說，每個人皆兼備黑暗和光明、磊落和陰險。

然而在這個好心被當成缺點甚至無能的世界上，也許我們是被逼上梁山的壞蛋。難道如今的好好先生不都幾乎意味著一種心理上的不足？大家可以去翻翻老字典，譬如一九三一年的《拉魯思大字典》（*Larousse universel*），查查「Méchanceté」（壞的名詞）這個字的起源，其實和「Médiocrité」（平庸）原本是一樣的意思。殊不知在一個強調競爭，講究效率的社會裡，溫文儒雅和和藹可親已經不再是優點，當成功成了人生的唯一目標時，人們就會覺得不得不「大開殺戒」。舉例來說，運動員，尤其是程度愈高的，不是常常會接到諸如「手下不留情」、「加強攻擊性」之類的指令嗎？企業主不是也時常要求他的員工，尤其是主管階級的，在行動和決策的時候要「霸氣一點」、「狠一點」？在我們這個社會上，體貼人反而成了不折不扣的弱點，所以我們無時無刻不在被誘導要兇、要壞，才能「符合規格」，要讓別人痛苦，才能「社會性地恰如其分」，要咄咄逼人，才能在這些愈來愈殘酷的體育、經濟競賽中脫穎而出。要壞，因爲這樣人家才會接受你，就這麼簡單。在無情的校園世界裡就常常是這樣。譬如下面這段一名巴黎國中生的告白：

要人家尊敬你，不當你是「肉腳」，那你非得壞壞的不可。如果想加入什麼小團體，千萬不能露出一副很哈的樣子，而是要讓人家知道你不是好惹的，不然就玩完了。壞就是瞧不起那些不求進步的「老灰仔」，就是看到對方痛苦會想讓他們更痛苦，還有，最重要的就是要脅的時候要言出必行，這個方法很簡單，卻可以贏得尊敬。因爲大家都只是說說而已，所以對你的印象就會特別深刻。像如果我說：「你再這樣跟我說話，我馬上走人。」我就眞的會這麼做……而且千萬不可以反悔。

亞諾（十四歲），國中四年級，母親爲廣告界主管

亞諾得意洋洋地表示，現在大家都覺得他很壞，不敢得罪他，還強調成爲壞人的

「不二法門」就是一定要執行威脅對方時所說的話，這招其實是跟他媽媽學來的……亞諾還很直接地指出，這招「壞人絕技」是「要付出代價的」。不過一旦成了壞人，除了可以得到眾人的尊重和崇拜之外，亞諾認爲：「當壞人其實很好玩，我自己覺得好玩，別人也是。」儘管偶爾有些女生會不喜歡那種她們覺得是不尊重女性的行爲。住在尼斯的傑克（十六歲）將此類行爲解釋爲「因爲想被重視，讓同學刮目相看」。在該情況下，當壞人就成了一種存在的方式。此外，班上第一名通常是全班同學的反模型，過去如此，現在更是嚴重。就像另外一名十三歲的男生說的：「如果你想要有朋友，那就得當『莊孝維』，做一些蠢事。」

進一步說，如果可以（或有能力）做壞人，爲什麼大家要當好人呢？這個對那些所謂的「紳士」來說，也許還容易一些。柏拉圖不是在《論謊言》（*Hippias mineur*）中說過知善者最易爲惡嗎？還有，我們在生活周遭所見的，難道不是尼采精神，查拉圖斯特拉說的「不可心軟」的最佳體現；讓弱小的被淘汰，讓那些跌到的跌得更快！這個世界並非爲「好人」和「義人」而設，壞和強權才是天生一對，這就是尼采(40)口中「快樂的壞人」的最佳寫照：「在這種人面前所有衛道人士皆噤不敢言。」

有時候我們甚至還會對壞人產生同理心。因爲壞人會做出一些我們想做卻不敢做的事情。還記得美國知名電視影集《朱門恩怨》（*Dallas*）中的尤鷹家族嗎？大家不是都比較喜歡陰險狡猾的小傑，討厭善良的巴比嗎？試想，如果壞人反而受歡迎，會不會是因爲他們有如狼一般，靈活又有力量，不像好人那麼軟弱無助？此外，就像心理學家帕西尼說的，好人雖然無害，但只有壞人能夠令人感到熱情澎湃。

眞假壞人

現在流行使壞，好像不壞就「不夠嗆辣」。所以就出現了一班很愛「玩」壞的搞笑藝人。巴菲（Laurent Baffie）就是其中之一，他甚至公開宣稱自己是壞人。最近有篇關於他的專訪(41)，他不就在裡面提到很喜歡聽到人家說他「眞的很壞」嗎？「這是我的主打產品。」他辯稱道。當記者最後問他：「我可不可以說你其實是個眞好人、假壞蛋？」巴菲回答：「不行。因爲妳如果這麼寫，隔天一定會接到我律師的電話。我經營這個壞人形象的主打產品已經好幾年了，妳非要說我是好人，小心第二天就挨告！」走這條路線的電視搞笑藝人，我們還可以點名阿弟松（Thierry Ardisson）、卡而利（Guy Carlier）、福吉野（Marc-Olivier Fogiel）和新一代的基勇（Stéphane Guillon）——女演員蘇和樂（Agnès Soral）曾經說他「怎麼有人會這麼壞啊？」。這些主持人，或單挑或兩面夾攻，調侃來賓直到對方不支倒地爲止，何況這種方式遠比像楊恩（Michaël Youn）某次在「不喜歡拉倒」（*On ne peut pas plaire à tout le monde*）的現場那樣的邊戰邊走的閃躲戰術來得受歡迎。基勇不久前也坦承：「這個社會需要搞笑藝人來扮演假面復仇者的角色，雖然我們偶爾也會踩到黃線，但我們的任務就是專門揭瘡疤(42)。」阿弟松也認爲這是一種新的「螢幕風」。我們不禁要再問一次那個老問題，是不是什麼都可以拿來取笑？在巴黎八大任教的語言學家夏候多（Patrick Charaudeau）認爲，他在這些電視節目裡面看到了懲罰禁忌的解除：「觀眾喜歡看到大明星屈居下風，變成受害人遭到劊子手的凌虐，因此而獲得一種復仇的快感。」

那麼那些搞笑藝人到底是眞好人還是假壞蛋呢？我們可以這麼說，幽默常常只是「看上去很壞」而已。弔詭的是，黑色幽默可能是其中最不壞的一個，因爲它一開始的姿態就很明顯，所以觀眾對這類幽默的遊戲規則和界限皆了然於心。至於其他形式的幽默，由於比較不明確，甚至無法預料，也就比較壞些。譬如迪多內（譯注）說話常常出槌，就是這種「揭瘡疤」幽默容易擦槍走火的例證。但這類型的壞後面是否隱藏著一些個人因素呢？對諸如齊克果和叔本華等哲學家來說，受苦的心靈很容易拿幽默來當擋箭牌，因爲幽默到頭來其實是一個能夠保護我們不被這個令人無法忍受的世界所侵犯的避風港。

「眞正的」壞人究竟是什麼德性？他們會虐待並對受害人進行全面的掌控嗎？他們是不是有非常強烈的權力欲望？是一群永遠無法滿足的色情狂嗎？抑或假面眞面皆可能的復仇者？像寫過《君王論》、連姓氏都被拿來當作政治陰謀代名詞的馬基維利（Machiavel, *Le Prince*），算不算是個「害書」作者？因爲他竟敢將一些社會上的污穢下流公諸於世，並指出專制政治的形成經過與成功條件，會不會本身就是個「壞人」？這點眞的誰也說不準。

言語、肢體和戰場上的大惡與小壞

有時候，壞可以是夫妻或同事間一些微不足道且持續不斷的批評，一些讓氣氛愈來愈僵的冷嘲熱諷。這些在日常生活中尤其常見的言行，因爲做起來很容易，殺傷力又

譯注：Dieudonné，法國脫口秀藝人，常因反自由言論而引起爭議。

大，所以沒有人喜歡。然而，人們還是會覺得這些行爲也不是全部都「有那麼嚴重」。大家想必都聽過這樣的句子：「這個（其實）也沒有那麼惡劣啦。」意思就是在告訴對方自己的壞並非有意爲之。

我們可以舉這名小男孩（十一歲）的例子，他跟同學說了一個笑話，以爲對方會笑出來。可惜，這個笑話不但不好笑，而且還有夠壞。他的同學很不爽自己因爲招風耳就被說成「番仔」。第二個例子是魯道夫（二十一歲），瑞士人，在學，已婚，他說：「跟我太太說她穿得不夠性感，她反駁說才不會，說她那件黑色的小可愛就很性感。我聽了因爲不曉得該怎麼回答，竟然口出惡言：『穿著性感跟穿得像隻雞還是不一樣的！』」可見壞是可以透過言語來實踐的；「欠屄」、「屄你個雜種」、「臭婊子」、「下流胚子」、「狗娘養的」等等，對惡言惡語的奉行者而言，可用的字眼可謂多如牛毛。「我媽來學校接我，」十一歲的蘇菲說道。「有個女生爬在電線杆上，我媽用很奇怪的表情看了她一眼，結果被那個女生說成是『老巫婆』！」

惡言惡語非常傷人，甚至會殺人。一些重大刑案——譬如對兒童的性侵——的嫌疑犯，常常會被罵得狗血淋頭，什麼「垃圾」、「人渣」，儘管他們有的時候是被冤枉的。烏特歐（Outreau）冤獄事件即是如此，那些被告最後幾乎個個被宣判無罪釋放，然而在受盡各種言語上的凌辱和經年累月的拘留，這些人再也無法賦予人生任何意義，其中一個甚至萬念俱灰，出獄前就自殺了。

儘管口頭上的使壞比較不會帶來嚴重後果，但還是會造成傷害，對此女孩子要比男生來得敏感。下面是住在聖拿札（Saint Nazaire）的一位小姐所講述的少時往事：

我十一歲唸國一（譯注）的時候，有次跟學校的旅行團到貝勒島（Belle-Île）去玩。那個時候我跟班上的五、六個女生一天到晚黏在一起，非常要好，除了阿曼婷之外。她有時候不太好玩，讓人受不了，結果後來大家都在背後批評她，但平常在學校大家表面上都還是和平相處。不過，那次旅行卻讓這樣的關係變得很脆弱，我再也忍不住了。有次野餐，我們裡面有個女生拿出她帶來的糖果分大家吃，傳來傳去就是沒有傳給坐在最旁邊的阿曼婷。「爲什麼我沒有？」她問了。我想都沒想，就跟她說：「因爲沒有人喜歡妳。」其實當時我很清楚自己這樣說很壞，只不過我覺得說出來心裡會舒服一點。我現在已經忘了接下來發生什麼事……也許我根本不

譯注：法國的國中是四年制，國一相當於台灣的小學六年級。

想記得。

又譬如兄弟姊妹之間，年紀比較大的如果被小的惹毛了，通常會說他們其實不是親手足之類的話，甚至威脅要殺掉弟妹，不然至少打斷他們一條腿或一隻胳臂什麼的……。或是在街上聽到的辱罵，誠如十一歲的瑪莉安說的：「一群大孩子——至少六個——那天去騎腳踏車，我們也去騎，他們就跟在我們後面一直罵到我們都已經回到我家而且躲進屋子裡爲止。」

在這裡我們要稍微探討一下那些罵人的髒話。這些字眼聽在大人和青少年的耳裡，意義大不同。對大人而言，每一個污辱性的粗口基本上都非常嚴重，可視同侵犯並能引起火力相當的反應。沒有人在被罵「欠屄」或「混帳」的時候會無動於衷。然而青少年卻有辦法很靈活地把污辱分成「有惡意」和「沒有惡意」或「沒有什麼」兩種。很可能小孩子從很小的時候起，就有一套用來將各種行爲等級化的曖昧符碼，因此有些話並不會引起不悅。一個年輕人口中的「壞笑話」，不見得會被（包括說的人和聽的人）認知成一種「眞正的」壞。就算受害人出其不意地有所反彈，也不會採用太過激烈的言詞。就讀國一的弟寶（十一歲），在訪談中提及某次他曾對班上一個金頭髮的女生說了一個壞笑話：「從一個金髮女郎的藍眼睛裡我們可以看到什麼？她腦袋的底部。」那個女生聽了回他一句：「哇靠！」他唸國二的哥哥奧古斯特（十三歲），則和很多青少年一樣，認爲「有些壞笑話並沒有惡意」，並由此引申出「好的惡意」！有些侮辱性的字眼，如「混帳」、「腦殘」、「變態」、「鯡魚頭（譯注一）」和「小娼婦」等，如今連女生都覺得無所謂了，就好比把亞裔的小孩叫成「黃鬼」或「吃米的」，或用「把不辣（譯注二）」來稱呼非洲裔，再也不是什麼大不了的事。至於「妓女」一詞，對現在的年輕女孩來說似乎再也沒那麼嚴重——「我們彼此之間都常常這樣叫了，」一名國中女生說道。「這個不算壞，已經沒有什麼惡意了。」不過某些侮蔑人的字眼還是不能說的，譬如「你娘咧」……還有些粗口則需視社會階級來決定孰可忍孰不可忍。像鼎鼎有名的「幹你娘」、「脅你個雜種」已經被許多郊區貧民窟的孩子當成口頭禪，但那些出身較好的年輕人還是不太會用，因爲這些詞語對後者仍可構成重大侮辱。不過，就像奧古斯

譯注一：tête de hareng，罵人欠扁。

譯注二：bamboula，原是摩洛哥的一種由同名的鼓所伴奏的舞蹈，後由非洲黑奴傳入美國。在當代法語中則衍生出種族歧視的涵義。

特說的，最重要的還是要看說話人的口氣。如果是朋友之間，聽起來比較溫和，這種言語的侵犯性就會消失無蹤。如果說話的對象不是「跟自己一國的」，那粗口的威力可謂百發百中，火力十足。

有些罵人的話明顯具有強烈的歧視。塞巴斯汀就承認唸國中時曾經對一個同校的男生很壞：

我那時候在一家公立國中唸二年級。由於那個校長從來不踏出辦公室一步，再加上我們跟那些學監處得很好，所以從來不會有人來找麻煩。我記得自己曾經對一個叫歐瑞廉的男生很壞。因爲他有點娘娘腔，在我們當時還很幼稚的眼光看來，就是個同性戀。有天體育課下課，他過來跟我說話，還靠得很近，結果我忍不住就當著他的面跟他說：「滾開，臭大媽。」和「我覺得你好噁心，雞姦鬼。」說的當下是很爽，也許我眞的需要把心中的感受發洩出來。但事後我還蠻難過的，可是我一直沒有去找他道歉。我每次出於惡意而幹了壞事之後，都這樣。

塞巴斯汀（十七歲），高二學生，父親任工程師，母親是店員道德上的壞是最常遭到指摘的，主要發難者則為成年人。這種壞似乎較喜歡侵犯女性的人身，而且常以威脅的形式出現，如下兩例所示：

我八歲的時候，被一個表哥拿刀要挾了整整一個月。我那時功課一直掉，而且因為太害怕，根本不敢說。我那個表哥也警告我如果敢把事情抖出去，就會打我；後來我還是說了，表哥受到嚴厲的處罰，後來他再也不敢欺負我。

愛樂蒂（十二歲），父母經商

有天，一個小孩想玩他的Game Boy，可是他奶奶要他去睡覺，結果那個小孩就跟奶奶說：「我要把妳殺掉！」

歐瑞廉（十二歲），父親是麵包師傅

惡意也可以透過手勢來傳達。譬如在朗茲曼（Claude Lanzmann）的電影《浩劫》（*Shoah*）中，一群波蘭農民對著那些被送進特比林卡（Treblinka）集中營的猶太人做出殺頭的手勢，嘲弄他們死期不遠了。朗茲曼認為：「這樣一個動作的背後是百分之百的虐待狂和恨。」手勢打出來的壞，還包括這個脾氣暴躁的老太太，竟然會對著一個青少年比中指……。

壞當然也能透過諸如施虐、襲擊、扔石頭、拳打腳踢、讓對方頭破血流等肢體行動表現出來。在前面的概論中，我們曾提及這一類的壞主要是體現在年輕的男孩身上；男生眞的特別容易動手，有時隨便一個不爽，還是一言不合，就能引爆一場拳腳相向。這種暴力很常見，很普遍，範圍也很廣，而且——根據受害人的形容——「不用什麼理由」。出乎一般意料之外的是，它並非僅限於經濟條件較差的地區，僅觸及層次較低的社會階級。今天，無論貧富貴賤——雖然比例上有差——大家都會遭遇到這一類的暴力問題。兒童也好，青少年也罷，年紀愈小愈容易受到這一類通常很壞心的暴力。下面是某位就讀於巴黎地區一所私立天主教高中二年級的學生的見證：

> 說到壞心，我可以舉好幾個例子。有天，有個人跟另外一個人說我污辱他和他的爸媽，其實我根本沒有。那個人之所以會這樣說，純粹是爲了想看我們打架。結果在我毫不知情的狀況下，另外那個人眞的來找我，我們也眞的打起來，而且還不曉得爲何而打。

另外一次，一群算是朋友的人在比賽踢足球，有人進了一球，對方就有球員開始口出穢言。最後那個罵人的球隊輸了，沒想到那個壞蛋竟然一把抓住得分的人，把人家打得鼻子都斷了，被送去醫院。就爲了踢進一球……。

第三個例子，就是有個人從我前面經過，並且嘲笑我。我回他說：「閃啦，白癡。」他聽了竟然把我推倒在地，還揍我一頓。我就這樣無緣無故挨打，我覺得那個人眞的很壞。我自己雖然也不是天使，不過總有個限度……。

范龍廷（十六歲），一個弟弟（十三歲），父母從事保險業

接下來是同一所高中的另外一名同齡男生的見證：

我一個朋友本來安安靜靜地在他們學校裡等女朋友下課一起回家。結果有兩個年紀差不多、專愛惹是生非的男生，過來問他有沒有菸。當然，這只是個藉口，雙方愈說愈大聲。那兩個少年最後就動起手來，把我朋友打得滿臉是血。但事情沒有這樣就算了：另外一群同校的男生追了出去，逮到了那兩個少年的其中一個，狠K了對方一頓。結果人家家長去報案，因爲小孩不但臉上要縫好幾針，而且還有一塊

骨頭被打斷接不回去，害那個男生一輩子破相。我的心得是，暴力會招來暴力，人就是不夠聰明，不能停止冤冤相報。但一定有辦法避免當那個第一個丟石頭的人。

朱立安（十六歲），父母任企業主管

最後一個例子，來自於就讀同一所高中的學生皮耶：

一個禮拜以前，我曾親眼目睹一幕非常暴力的畫面。事情是這樣的，有兩個學生吵了起來，因爲其中一個不願意讓路給另外一個。兩個人互相叫罵幾分鐘之後，其中一個抓狂了，伸手去扯另外一個的頭髮，用手肘去撞他的太陽穴和下巴，還一副打算把對方的鼻子給敲掉的樣子。所幸的是他及時控制住自己，也讓我們在場的人鬆了一口氣，包括那個挨打的，不過他還是哭了出來，因爲他實在痛到不行。

皮耶（十六歲），兄弟姊妹四人，父母開餐廳

當然，口頭、肢體和精神上的壞可能同時而至。很多小女生在訪談的時候，會提到由於自己個性比較膽小內向，特別容易受到班上同學欺負，每天都要忍受程度不等的嘲

弄、侮辱甚至動粗。推擠也是暴力的一種，一名國一生表示：「那天，在學校餐廳裡，一群國四學生跑來插隊，不但用推的，還打人，幸好有學監在場，把他們全都懲罰了一頓。」還有拿東西丟人的：

兩個多月前，我和幾個朋友到附近的公園玩。那時傍晚六點左右，一塊石頭突然向我飛來，我們四下查看，才發現原來是幾個十五、六歲的年輕人拿石頭丟我們。他們還走過來問我們叫什麼名字，但我們沒說。後來我們躲進一個朋友家裡，並分別打電話跟自己的爸媽說這件事。然後我就回家了，很慶幸自己沒有被勒索。

亞納多（十一歲），父親公務員，母親建築師

伯朗特的小說《簡愛》一開場，十歲的簡愛就和十四歲的表哥約翰大吵起來。表哥先是罵她，又對她動粗，簡愛很生氣地對他說「你好狠！」、「壞蛋！」。如果再有性侵害的狀況發生，事情就更糟了。來自布魯塞爾的茱莉，就說了過去有次差點被強暴的經驗：

我跟我最好的朋友去市中心，結果碰到幾個男的，大概十四到十七歲，塊頭很大。他們一開始問我們要「草」，不給就不讓過。碰到這種人最好的辦法就是假裝沒看見，所以我們二話不說，轉身就走，沒想到其中一個男的突然往我撲過來，把我壓在地上，開始脫我的衣服。我嚇得手腳都僵住了，根本沒有辦法自主，我朋友想幫也幫不了，因爲他們有五個人。後來，有個年紀比較大的男人跑過來，說他已經報警而且警察就快來了，那些男生才匆匆忙忙逃走，還掠話說下次不會放過我們。

不管我們站在什麼角度，壞其實並無輕重之別。當然，惡性重大的壞，後果也比較嚴重，譬如在大部分的刑事案件裡，我們都可以看到人性兇殘的一面。不過有些兇殘則是展露在儀式之中，像古羅馬時代那些被稱爲腸卜僧（aruspice）的祭司，會在開戰前用還冒著熱氣的動物內臟預卜勝負或處決戰俘；阿茲特克人則認爲，用活人獻祭可以從太陽神那邊再換取一年的陽壽；更毋須提法國大革命前的死刑犯都是在公共廣場上被處決的！而這樣的儀式，簡單地說，乃根源於某種個體性和戰鬥性的兇殘。

人類無時無刻、隨時隨地都在逞兇鬥狠。美國導演庫柏力克（Stanley Kubrick）在電影《發條橘子》中，將這點發揮得淋漓盡致。故事敘述一群無所事事的不良少年，到處製造麻煩，其中最令人髮指的，是在對一個女人極盡屈辱之能事後，對她輪暴，並強迫她丈夫必須在一旁全程觀看。

另外還有來自統治者的兇殘，亦即那些獨裁政權和其他極權體制強加在人民身上的暴政。這一類的兇殘有好幾張不同的臉：希特勒、史達林、佛朗哥……若再更往前推，我們還可找出俄羅斯歷史上的恐怖伊凡——他不但手刃最疼愛的長子，還聲稱之所以會這麼做，完全是由於幼年坎坷所致——以及彼得大帝，其長子雖非他親手所殺，但亦命喪父親派來的祕密警察手下。

兇殘可以給人帶來快感，能夠「釣大魚（譯注一）」；領軍者莫不知利用這點，將敵人趕盡殺絕，因爲無戮不殘，不殺非酷。這就是爲什麼西塞羅會說漢尼拔（編注二）很「殘酷」，而我們也明白羅馬人這麼說，是爲了證明他們攻毀迦太基乃師出有名。兇殘者逞兇，看著他人——或動物——受苦，會產生一種快感，通常屈打成招都是這麼來的。若

譯注一：意指得到很大的利益。

編注二：Hannibal，西元前二四七～前一八三年，北非古國迦太基著名軍事家。

說快感主要出於想像，那麼凌遲的快感更是如此。

兇殘行爲在「太平時代」，也可能以較「文明」、較日常的面貌出現。十幾年前（一九九八年八月），法國提昂城（Thionville）發生一件轟動一時的社會新聞，少年亞德利安（十二歲）被發現陳屍在一個廢棄的防空洞裡，頭部有多處骨折，地上散落他的牙齒碎片，顯示死者生前遭到重毆。

還有，殘酷的畫面也是極受歡迎的演出。也許，藉著潛意識中對劊子手的認同，每個人內心深處某種祕密的禁忌快感因而得到了解放。

樂於製造痛苦，追尋心靈上的殘酷，並藉由犯罪而獲致極樂，如是乃薩德（Sade）侯爵之思想，衍生出聲名狼藉的薩德主義（譯注）。這是壞的一種反常形式。墮落和變態有別，前者和性行爲有關，但不見得壞，譬如暴露狂；但性虐待狂和被虐狂基本上卻是具有惡意的作法。至於變態，則是一種用意不良，企圖引起他人痛苦，爲惡而惡的欲望。像打屁股或甩耳光這樣的行爲，如果能激發施行者的欲望，增加快感，那就算是一種變態的行爲。另外要指出的是，在一些破壞性很強的變態行爲中，只要涉及反道德並且所欲挑戰的底限不斷推進的話，快感就能一直持續下去。

另外一種令人退避三舍的壞，就是種族主義。這種思想可以說是一種很低級的意識形態，因爲它僅根據某種可辨識的特徵——譬如黑人、猶太人、北非人——來擇定某個人或特定團體，令其承擔起世上一切的罪惡。用列維的話來說，即「懲罰另類」，因爲就某種抽象的意識形態而言，「他和我們不一樣」，所以可以詆之毀之，甚至襲之滅之，同時又能加強攻擊者的團體向心力。至此已成不折不扣的「作惡」了。例如，一群新納粹聚集在一起，決定去攻擊有色人種。他們把受害人痛宰一頓之後，心滿意足地逃逸而去，到一家小酒館買醉慶祝勝利。

有些像南非（曾實施長達數十年的種族隔離政策）那樣的社會，公然將種族主義推而廣之，據此我們可以斷定這世上不但有壞人，還存在著壞社會。另外，還有一種日常生活裡的種族主義，此類例子多不勝數，我們在此就舉一名少年（十五歲）爲例，他和擔任櫃檯接待員的母親住在一起：

我是外國移民的後代……我有個鄰居是個種族主義者。這人想盡辦法要把我們

譯注：sadisme，一譯性虐待狂。

趕出我們現在住的公寓，他誣賴我們，說公寓裡會有很多問題都是我家養貓的關係。我們當然很用力給他反駁回去，說這公寓又不只我家養貓，爲什麼那麼巧都是我家的貓在製造問題。他沒有辦法讓我們搬家，後來竟然拿有毒的肉丸把我家的貓給毒死了——因爲我聽到他在跟別人吹牛。

其實，有史以來，各種社會和人群皆患有恐外症。羅馬人很討厭外地人，尤其是猶太人，對他們有很多敵意。佛洛伊德在《文明的苦惱》（*Malaise dans la civilisation*）曾解釋種族主義和對非我族類的恨意是如何運作的。他認爲人類總是有辦法因爲愛而團結起來，只要找出一個共同的打擊對象。由此看來，社會凝聚力似乎永遠需要一個可以讓它宣洩侵略本能的出口。而少數族群正是扮演此一代罪羔羊角色的最佳人選(43)。

最後還有一樣，謊言算不算呢？說謊通常是眞的壞，壞到也許可以和上面剛提過的並稱絕壞拍檔。謊言厲害的地方在於有辦法以假當眞——大家都還記得阿拉貢(編注)那本探討虛構書寫的《誑語眞實》（*Le Mentir-vrai*）吧？「說謊，」雨果曾說道。「是惡的極致。說謊的人，就不可能再說任何眞話。說謊的臉，就是魔鬼的臉；撒旦有兩個名字，一個叫撒旦，另一個叫謊言(44)。」簡愛小時候曾經被寄宿學校的校長懷疑說了她的監護人瑞德女士的壞話，被當成「說謊的小孩」——這個指控嚴重到讓簡愛覺得受到了天大的冤枉。值得一提的是，青少年對說謊這種他們覺得很過分很亂來的壞特別敏感。

然而謊言還是有善惡之分。惡意的謊言以矇騙爲手段，目的在犧牲他人以增加自己的力量和自由，或是爲了擺脫某種困境。善意的謊言則是將眞相加以改裝，爲的是不讓對方擔憂，或避免他受到傷害。後者或多或少可以算是一種「利他性的謊言」。不過這兩種謊話的界限很模糊。正如《世界報》（*Le Monde*）的記者聞森（Catherine Vincent）於二〇〇四年十月十日發表的一篇文章中所寫的，我們應該要「爲別人而說謊，但不可以騙別人；騙自己卻又不至於太背叛了別人」。總而言之，謊言只有在企圖對他人造成損害時，才算得上壞。

編注：Louis Aragon，一八九七～一九八二年，法國小說家、詩人、新聞記者。超現實主義派最出色的作家。

第2章

壞人的各種特徵

壞人是不是有某些外在特徵可供辨認？
譬如：
觀察眼神和面部表情、臉色的變化、
身體會不會抖動、是不是萎靡不振、會不會昏倒？
並察其笑聲、淚水、哀聲和嘆息……。

光明與黑暗

然而，蘇格拉底：
若說那些故意作惡的人要好過那些不是故意作惡的人，這樣也很奇怪

柏拉圖《小希庇阿斯》（*Hippias Mineur*）

如何辨識一個人的好壞？從他的行為？性格？情緒？還是想法？下面我們將就前面引言中對壞所下的定義，深入討論。

首先，人們會根據實際的利弊來判定是否和某人繼續交往，再來就是看對方的思想純不純正，即使他腦子裡那些「邪魔歪道」不見得會成眞。若眞想成為過街老鼠，一般咸認為只要具備自私、慳吝、陰險等等有助於僵化人格、惡化關係的特性即綽綽有餘，因為這些通常都是令我們厭惡，甚至憎恨某人的主要理由。

總的來說，要讓人家不喜歡你，有兩個缺點是一定要的，一是做人不端正，二是偏

心。沒有人會信任那些大家都認爲狡猾和有所圖謀的人。

意圖加害他人或傷害自己

一說到壞，我們會很直覺地從道德的角度切入；就此一觀點而言，基本上我們怎麼想它就是什麼樣，換句話說，壞不壞端看人們如何界定；正因如此，壞成了一種千夫所指的行爲——對我們來說，行善或當好人，當然要比爲了目的不擇手段值得稱許。從道德的觀點來看，好壞似乎和人們根據某種道德標準而稱之爲善或惡的意圖有關。我們可以這麼說，壞乃是一種有所企求的精神狀態：它蓄意且完全出於自由意志地想要作惡，其對象不只限於別人（或動物），有時還包括他自己。此即黑格爾在給壞下定義時（見下面引言）所提到的「意圖」：

> 壞者乃一蓄意且完全出於自由意志地想要傷害他人的精神狀態。劣者則因意志薄弱而屈於一己之不欲克盡對人對己之責之傾向(45)。

凡意圖皆意志也。人跟動物最大的不同就在於後者僅有欲望。如果我們把意圖考慮進來，那麼某種我「不得不」去行使的壞，就不是眞的壞。事實上，在逼不得已的情況下，壞事就不壞了，無論是對別人壞還是對自己壞。譬如，有人遭蓋世太保逮捕後，因爲害怕受到刑求而自殺，這樣的抗爭行爲就不能被視爲一種「對自己的壞」。康德的看法與此不謀而合：「人心的壞……或說白一點，人心的腐敗，乃自由意志中那種對某些行爲準則的偏好，這些準則會將道德律的動機的重要性，置於其他（非道德者）之後(46)。」

問題在於我們要如何確定所說的話、所做的事，是不是故意存心不良呢？可以保證永遠不會搞錯嗎？

在此我們可以舉一個足球界的例子：二〇〇五年十月馬賽世運隊（OM）曾與巴黎聖日爾曼隊（PSG）進行一場比賽，巴黎隊某球員一度單槍匹馬闖進馬賽隊的球門區，馬塞隊守門員巴特茲見狀突然衝到該球員面前，結果兩人大打出手。巴特茲此舉究竟有沒有錯？當時裁判不但沒有判他違規，後來還爲他辯解：「巴特茲的行爲是很不得體，但也僅止於此。他並沒有蓄意傷人，他這麼做不至於被驅逐出場，連罰任意球都不用。」這席話說得雖是十分主觀，但要判別對方意圖的好壞也絕非輕而易舉之事。黑格爾說過，通常吾人辨識一行爲之善惡與否，主要乃透過該行爲之後果，或已爲人所知之該行爲之後果，但不一定會透過該行爲之動機。當然，光看單一行爲不足以斷定其中是否有壞的成分，相反地，必須是重複性的同類行爲，惡意的嫌疑才能確立。就像下面這位年輕女士所說的：

在我往來的圈子裡有一個人，此人一有機會就會習慣性而且一而再、再而三地說一些傷人的話，邊說還邊裝出一副無辜的樣子。我覺得他的行爲很可能單純就是一種壞的表現，所謂的「無緣無故」吧，因爲這個人根本沒有生氣或說別人壞話的理由，從來也沒有誰惹他。

瑪莉蘿兒（三十八歲），巴黎市護理人員

青少年的世界也同樣充滿了「無緣無故」的壞。一名女孩提到她交了一個姊妹淘們都很不喜歡的男友，結果很快地她們再也不跟她說話了。另外一個男生因爲「長得很沒人緣」，常常很快就會招來別人的反感和惡言惡語，但對此他又能怎樣？最後一個是愛蜜莉的例子，現年三十餘歲的她，回憶起十五歲那年：

我們班上有二十五個男生、六個女生。學年一開始的時候，我們六個女生經常形影不離，不過是兩個兩個坐在一起。其中兩個本來就認識，另外兩個也蠻談得來，所以我只好和剩下的那個索菲坐一起，問題是我們沒有共同的興趣和朋友……我感覺到別的女生對索菲也開始變得冷淡。下課時我們會一起玩牌而不找她，去喝咖啡也不會叫她，諸如此類的。每天，我走進教室，找位子坐下來，也不說什麼，可是索菲照樣坐在我旁邊。我已經受不了她，快要爆發了，如果她敢跟我說一句不當的話，我一定會罵髒話……所以我很不客氣地讓她知道我不是她的朋友——我走進教室，她跟在後面，我望著一張沒有人坐的位子問她：『妳可以坐那邊嗎？』她應了聲好，就走過去坐下來。我呢，則是走開坐到別的地方去……我記得她後來再也沒跟我說話，我當年也希望如此吧。我那時不是不知道自己這麼做很壞，不過我也曉得我沒有辦法好好跟她說，我一定會爆發的。

人有時候也會傷害自己，只不過在對別人和對自己的壞之間，那條界線並非總是如此壁壘分明。事實上，對自己壞有可能是爲了傷害他人。譬如，有人會藉由自殺的手段讓那個誤解自己的親人愧疚一輩子，自己不想活，也害別人活不好，而且還會沾沾自喜。相反地，對他人行兇也許是一種自殘的表現。精神病專家就曾指出連續殺人犯艾米路易由於一出生就被拋棄，養父母又虐待他，青少年時代還曾被夏令營的康輔員強暴，種種不幸的遭遇致使他在成長過程中發展出一種對自己強烈的恨意，進而殺死無力抵抗的少女。從某個角度來看，他的行爲等於是一種自戕。

綜上所述，似乎大家看壞人壞事，焦點都集中在用意上面。就像青少年說的，必須是「故意找碴」才算。但眞的一定要有「壞心眼」才能稱得上壞人嗎？譬如黑色幽默，如果立意非險惡的話，是不是就沒有那麼烏漆抹黑呢？至此，我們不禁要質疑那些光明正大地以法律、國家安全、科學研究等之名而犯下的惡行，難道只要出發點是好的，該行爲的惡質就可以一筆勾銷嗎？換言之，一個作法的好壞，是否端視其本意良善與否就夠了？

以劊子手、士兵和實驗室裡的研究員爲例，大家都知道，如今人類對神經、肌肉和大腦反應的知識，其實是靠著虐待動物（尤其是白老鼠）而得以日新月異。這些於法有據的實驗行爲，被說成是醫學進步所不可或缺、改善人類健康的必然過程。誰能夠想像某種用來救人一命的血清，上市前竟然未經過動物實驗以證實其有效性和無害性？如何從事一項未在人體進行過的外科手術，而毋須事先拿幾隻動物來「開刀」好確定這項技術的各種細節?何況實驗室方面也一再保證，在任何狀況下，他們都盡力不讓被實驗的動物受到痛苦。同樣地，當某些屠宰場的宰殺條件使活體因此飽受凌虐的情狀被揭發之後，通常也會引起各方的同聲譴責，這個問題大家都知道，這裡我們就不深入討論。

至於士兵，他完全知道自己在殘殺同類。同類相殘，其惡孰可擬之?即使這個拿著武器的人覺得自己是爲了正義，亦即爲保家衛國而戰，但這樣的理由能夠讓他的殺人行爲變得正當嗎?完全不能，更遑論每個士兵心中都藏著一個劊子手，而前者最好的美意，和後者最壞的暴行，其實相去不遠。從這樣的觀點來看，民主國家軍人表現出來的兇狠和殘酷，完全不讓獨裁政權的士兵專美於前。無論是日軍在中國、美軍在越南，或法軍在阿爾及利亞，皆一樣地以破壞爲樂，並對當地居民，不分男女老幼，有性侵行爲。原來，現代和古代戰爭的不同就在於古人認爲戰爭中的搶劫行爲是合法的。像羅馬人每攻下一個城池，就會放縱士兵進城燒殺擄掠。

那麼執行死刑的劊子手，我們又該如何來看待呢?這個角色其實很有趣，值得我們細加探討。蓋伊瓦(譯注)曾對劊子手做過一份很有趣的研究，大綱大致是：劊子手執行

譯注：Roger Caillois，一九一三～一九七八年，法國作家、社會學家和文學批評家。

死刑時，乃有意識地對死刑犯進行人身傷害，這樣算是對死刑犯行兇——而且手法還非常殘忍——嗎？關於這個問題，我們可以參考蓋伊瓦提供的例子，亦即戴卜勒劊子手的故事。先回顧一下故事背景：一九三九年二月二日，法國人民在幾乎是哀慟的情緒下，接獲了安納多勒・戴卜勒（Anatole Deibler）的死訊。他是共和國的資深劊子手，享年七十六歲。這個至少砍過四百顆人頭的老人，在當年的新聞媒體筆下，有著一種親和力十足的形象，於是我們才知道這位死刑執行者在日常生活中，原來是那麼平易近人：

他每天早上都會帶他的小狗去散步，下午則常去看賽馬，會讓隔壁的咖啡館把餐前酒送到家裡，如果他的胃允許他這麼做的話；他喜歡玩撲克牌……日子過得就像一個守時的公務員、一個「好爸爸」……培育稀有種玫瑰，醉心陶藝(47)。

然而我們一開始的問題還是沒有解決，劊子手是壞人嗎？他的心地是壞的嗎？在上面提到的那篇關於戴卜勒的報導中，記者寫道：他的臉龐散發出一種溫柔而且憂鬱的氣息，他的心腸很軟，隨時樂於助人，總是扶弱濟貧；報導中甚至讚揚他對斷頭台的諸項改良，也提到了他私生活裡的不幸遭遇——一個兒子五歲就夭折（因爲醫生開錯藥），一個女兒年紀很大了還嫁不出去。

大家別忘了，劊子手取人性命，乃以國家之名。那麼，國家會給他特別的待遇以示感激嗎？從蓋伊瓦給的資料看來，答案似乎是否定的。首先，這個職務是從司法部的一項特別預算裡支薪的，和普通雇員沒兩樣。其次，他不用當兵。最後，這個職務是代代相傳，此一規定迫使他的小孩——在沒有男性繼承人的情況下則傳姪——必須背起這個沉重的祖業：除了必須忍受同學的嘲弄和恥笑，甚至因而喪失性命，就好比作家布倫塔諾（Clément Brentano）在一則童話裡所描述的年輕女孩那樣，因為一時大意將手放在劊子手的斧頭上，結果被砍了頭。劊子手其實是恥辱的化身，和他沾上邊的人都會被玷污；他屬於超自然界中不祥、兇險的那一面。蓋伊瓦認為，劊子手是一種巫師、一種反世道而行的祭司，再加上穿著紅衣，或多或少令人聯想到魔鬼。然而，由於同時身為神聖事物的代表，劊子手也能帶來幸運。未婚夫妻如果無法前往教堂舉行婚禮，接受教會的正式降福，亦可由劊子手私下證婚，婚姻關係照樣生效。正規醫生治不好的病人，則從他那種接骨師式的特異功能裡看到了痊癒的希望；由於容易取得從死刑犯屍體上萃取出的各種原料——民間相傳從絞刑囚犯屍身上刮下來的脂肪可以治療風濕症，從死人頭骨上刮下來的碎屑可以治羊癲瘋——所以能夠調製出各種靈藥仙丹。總之，活在社會邊緣、陰影中的劊子手，人們對他是既害怕又苛刻，避之唯恐不及又欲除之而後快。蓋伊瓦說，當上帝不回答，人們就會去問魔鬼；當群醫束手無策，我們就會去找巫師想辦法……劊子手腳踏陰陽兩界，他的職權來自法律，守在法律最後一道線上，而他所亟欲斬除的，正是線外黑暗地帶裡出沒的那些魍魎鬼魅。

這麼說來，劊子手真的算得上壞人嗎？我們當然可以爲他辯護，說他對自己的所作所爲並沒有選擇權。前面說過，在法國劊子手的職業是祖傳的；老子走了這行，兒子就得跟進。我們還可以說他能夠盡其所能地減輕死刑犯的痛苦，就像路易十五時代那個有名的劊子手桑松（Sanson），據聞其下手之輕，讓被砍頭的人一點感覺都沒有；傳說拉利伯爵（譯注）在斬首台上正等得很不耐煩時，只見桑松提著拉利伯爵的頭對他說：「稟告大人，早就砍好了，您瞧瞧。」

話說劊子手一肩挑起死刑的恐怖（國家則趁此推得一乾二淨），獨自承受所有的黑暗力量和人性中那些被詛咒的部分。然自一七八九年法國大革命之後，這個角色也開始受到歌頌，不但有選舉權，而且還是各種晚宴爭相邀請的對象——爲了感激他砍掉了那些「人民公敵」，尤其是法國國王的頭顱——但這一切足以洗去他的兇名嗎？不能。黑格爾說得沒錯，出於好意的惡行，仍是惡行：

有些人做了壞事，卻還要在別人面前露出一副心地善良、想要做好事的樣子……當我們犯下惡行，那根本就是因爲一開始的用意不好，是壞的……無論目的或用意都不能讓手段因而被神化[48]。

所以我們必須將劊子手看成是壞人，如果他在行刑的時候還因此獲得快感，那更是壞上加壞。當然，大家也不要忘了這其中最壞的大壞蛋還是「國家」；死刑這件壞事是國家在主導，也是國家讓它合法化的。更不要忘了劊子手在執行職務的時候，還有一個幫兇——斷頭台，「一種說不出的陰森森的主動能力」，雨果如是寫道。這位大文豪在《悲慘世界》裡有幾行關於斷頭台的精采描述：

> 斷頭台是劊子手的同夥，它在吞噬東西，在吃肉、飲血。斷頭台是法官和木工

譯注：Lally-Tollendal，一七〇二～一七六六年，法國將軍，派駐法屬印度，後因投降英國人而被判處死刑。

合造的怪物，是一種鬼怪，它以自己所製造的死亡為生命而進行活動(49)。

那又該如何看待那些舊體制下非常盛行的各種酷刑呢？刑罰這種東西其實由來已久，譬如羅馬的十二銅表法中規定，對弒親罪犯的刑罰是用袋子封住頭部，然後扔到水裡淹死，這樣的懲罰方式不是很不人道、不折不扣的國家之惡嗎？那就更不用說耶穌在十字架上所承受的折磨了。傅柯(編注一)對法國舊制社會中刑罰之細膩和考究曾做過一份非常精采的研究。尼采也討論過昔日各日爾曼王國的刑法：

譬如石刑（傳說中就有讓石磨掉在犯人頭上的）、輪刑（最別出心裁的罰法而且是德國工匠最擅長的刑具）、樁刑、磔刑、亂馬踩死、丟進油鍋或酒裡燙死（一直沿用到十四、十五世紀），分布最廣的是剝皮刑、割掉乳房，還有一種習俗是將罪犯全身塗滿蜂蜜，然後將他扔在烈陽下讓蒼蠅叮咬(50)。

可見於法有據的刑罰還是可以非常兇殘的。

「沒有人會不存心而做壞事」

一個惡行必須在蓄意爲之的狀況下才稱得上壞嗎？柏拉圖在《論謊言》中，曾借蘇格拉底之口說：「沒有人會不存心而做壞事。」這話後來又被羅馬的哲學家皇帝馬古斯・奧列里烏斯在他的《沉思錄》（Marc-Aurèle, *Pensées*）中引述。一個理性的人，換言之一個具有眞知的人，是不會去做壞事的。笛卡兒也同意這樣的看法，他認爲人的本性在追求好的事物，會作惡都是無心的；因爲不會分辨好壞，所以才變壞。康德也曾說過，壞是「被扭曲的理性」。後面我們還會看到，社會化過程中的偏差會將人，誠如康德所言「誤導入歧途」。柏拉圖的說法雖是一種普世現象，但也透露出幾許對人性的非常樂觀。龍薩（編注二）持的也是這種觀點，他在《論欲望》（*De l'envie*）中說沒有人會渴望當壞人。可歎的是，這樣的樂觀主義在面對那些一直是人類生活一部分的各種窮兇極虐時，還是站不住腳。但還是有些像帕西尼那樣的現代作者，甚至認爲一切的壞都不是

編注一：Michel Foucault，一九二六～一九八四年，法國後結構主義思想家。研究領域爲「權力」與「知識」。

編注二：Ronsard，一五二四～一五八五年，法國文藝復興時期詩人。

故意的，因此這個世界上只有非自願性的壞人，譬如那些自我中心主義者。用蘇格拉底和柏拉圖的話來說，人在傷害他人時，總希望自己能因此得到好處。精得很！

所以我們在此要提出一個跟柏拉圖的「沒有人會不存心而做壞事」相反的說法。當然，問題的關鍵仍在於我們是否偶爾會因爲笨拙、輕忽、大意或不得已，而當上壞人。說眞的，每個人都有可能在自己不知道的情況下，造成他人的痛苦或傷心。在瑞士當老師的瑪婷（五十七歲，兒子二十一歲）承認一句說錯或說得不巧的話，都可以讓聽者在意很久。假設甲本來答應幫乙一個大忙，後來卻沒有兌現諾言，這樣算壞嗎？當然不算，雖然乙可能不這麼想。誠如西塞羅所言：「要想盡辦法向對方解釋，讓他明白我們是出於不得已，沒有別的辦法(51)。」瑪婷也指出：「如果可以跟對方當面談，就應該解釋清楚，大家講和。」

舉一個比較嚴重的例子。一個平日很溫和的男人，某天晚上因酒喝多了，回家竟毆打妻子，這樣他算壞人嗎？也不算。這裡既沒有蓄意，更沒有意識。我們前面提過的瑪莉蘿兒（三十八歲），就堅稱人只有意識清楚的時候會變壞，一時大意的不算：「我們都有可能在不是故意的情況下傷害到別人，這樣的話應該不能算是壞。」

再推遠一點，有人會因爲「宅心仁慈」而去做壞事嗎？譬如，一個聲稱「爲了你好」卻惡狠狠地將兒子處罰一頓的父親，他當然不會覺得自己的行爲是個壞人，甚至還會跟孩子說日後一定會感激父親今天對他的嚴厲。最近還有一則社會新聞：一名五十幾歲的建築師，因爲無法面對債臺高築，決定走上絕路，卻又不願讓妻子在他死後生活陷入困境而吃苦；二〇〇二年九月二十日晚間，該名男子趁妻子入睡，先是對著妻子的太陽穴開了一槍，接著正要舉槍自盡時，被兒子攔了下來。他的妻子雖未因此喪命，卻也從此失明。該男子後來被送上刑事法庭以殺人罪起訴，最後獲判無罪。被告一方主要以其乃「出於好意」來辯護，強調他對摯愛的妻子並沒有殺機，然因爲無法償還債務，所以想與妻子同歸於盡；受害人亦證實與自十五歲起就認識的丈夫鶼鰈情深，聲稱對其毫無怨恨。一個以專家身分出庭作證的心理學家則指出，由於被告患有重度憂鬱症，所以會做出「利他性自殺」的邏輯推論。北部省刑事庭採納了這個意見，最後於二〇〇四年十一月三十日對此一殺妻案的「兇手」做出五年有期徒刑，緩刑和假釋考驗五年的判決。「愛是最美好的罪過。」被告律師如是言，辯稱其當事人之行爲乃「一個走投無路的人會做的事，如此而已」。一言以蔽之，由於加害之心在本案中未能獲得證實，故被告所爲不以惡行視之。

同樣在刑事案件中，我們還可以找到另外一個也是最近發生的例子；一名十四歲的少年，在毫無預謀的情況下殺了父親、母親、弟弟還有妹妹，理由是受不了母親的虐待。少年有罪嗎？這是無庸置疑的，但若能證實少年是在精神失常的狀態下犯案，則可免除刑責。

既然惡行必然出於惡意，那麼我們應該也可以來討論一下「用想的壞」。我們不是都曾經希望哪個對手不要成功，還是某個對自己很壞的親人死了最好嗎？似乎只有人類才能透過這種攻擊幻想而得到快感。小說家諾桐如此描寫她青少年時期有過的「壞思想」之一：「我曾經光靠念力，讓我們班上一個傢伙從世界上消失。一整個晚上，我都希望他死掉，結果第二天早上，老師一副傷心欲絕的樣子，對我們宣布那個學生去世的消息(52)。」

這種壞叫做「下詛咒」，被咒者很可能因此命喪黃泉。非洲人似乎是這方面的專家，而且稱得上是世界冠軍。一旦有誰惹了他們，他們馬上就透過各式各樣的法寶讓對方好看，譬如在一個代表對方的娃娃上面插滿細針。

到頭來，可能只有善是出於無心——雨果筆下的迪涅主教就是那種會在「想都沒想」的情況下做出一些非常偉大高貴的事情；他本性中的那種善良，讓他連對最猙獰的、像黑蜘蛛那樣「黑色而且毛茸茸」的造物亦充滿愛心。總之，這位主教身上只有

「善念，善言，善行」。

做壞事的能力或實力

如果壞人有辦法做壞事，那是因爲他們擁有某種和藝術家很接近、有時甚至稱得上是提昇的本領。巴贊在《毒蛇在握》中就說人有一種「壞的天份」。蘇格拉底認爲當一個人可以在想要的時候辦妥某事，那他對此事便是「有能的」。照這種邏輯，最有能力的人即那些故意爲非作歹的人；因爲這樣的人傑知道何者爲善，故能掌握最佳時機爲之或不爲。然而，這樣的推論卻令人難以認同，因爲它假設那些最優秀的人會一直想要做壞事。我們甚至可以質疑，當蘇格拉底接著又說如果一個人的靈魂是好的，這個人便是好的，而一個好人是不會故意去做壞事，他究竟知不知道自己這麼說會帶來非常嚴重的後果。

關於這點，對壞很有研究的馬基維利曾經對那些欲爲惡者提出很有用的建言：「要壞的話，最好一次壞到底，讓對方比較沒有時間領略，殺傷力也比較小；要好的話，最好慢慢來，以便人們細細領略其中味(54)。」

在諸多作惡的本領中，我們可以在這裡先提一個備忘的，那就是存心的不公不義。另外還有一種是「惡言」的本事，譬如說謊。蘇格拉底認爲，如果有人知道眞相卻說假話，那就是壞。

如何辨識壞人

不會有人以爲壞人身上有什麼標記還是特別的相貌以資吾人容易辨識吧？想要認出誰是好人誰是壞人，也許我們可以像黑格爾那樣，首先根據普遍性的經驗，尤其是外在經驗。於是第一道難關出現了，因爲經驗只能告訴我們某個事物是什麼，並不能斷定它好或不好。那如果根據社會大眾的標準來衡量孰善孰惡呢？那麼第二道難題又出現了；若想指出什麼好的或壞的行爲，我們需要擁有一套足資辨別善惡的客觀指標，然而大家都曉得，這個沒有那麼容易。因此我們有必要轉向內在經驗，「藉由我們的心或情感，」黑格爾說道。「去判斷某個行爲模式的本質好壞(55)。」但是這樣的感知方式非但完全主觀，而且不穩定，隨時可能改變。

由史柯拉(譯注)執導，並獲一九七七年坎城影展最佳導演獎的電影《可怕、污穢、下流》（*Affreux, sales et méchants*），是一部非常精采的作品。片中的那些窮人個個是壞蛋，成天計謀如何把被生石灰灼瞎一隻眼睛的老父親解決掉，好接收那筆他拒絕在生前交出的一百萬里拉的傷害賠償金。這些窮人個個其醜無比，還齷齪骯髒，更糟糕的是心狠手辣。還有夏提列茲的《我的嬸婆》（Étienne Chatiliez, *Tatie Danielle*）中那個主角老太太丹妮爾也很經典，其相貌之刻薄，絲毫不讓其性情之寡恩專美於前。

那我們究竟要怎麼認出誰是壞人？有沒有什麼「外在特徵」（用笛卡兒的話來說），像是身材啦、長相啦、表情啦還是眼神啦，方便我們辨識的呢？這種人身上會不會有什麼標記，讓人一眼就能認出來呢？若果如雨果所言，有一種「善良的美麗」，那我們可不可以反過來假設有某種「壞的醜陋」呢？大文豪曾這麼描述一群壞人：「他們目光中的那種遮遮掩掩的神情，會把他們揭露出來。我們只須觀察他們的一言一行，便可想見他們過去生活中一些見不得人的事，和未來生活中的一些陰謀鬼計[56]。」

笛卡兒曾經描繪一幅呈現出各式人類情緒的畫像[57]，對他而言，壞人確實有某些外在特徵足資辨認，譬如，我們可以「觀察對方的眼神和面部表情，臉色的變化，身體

譯注：Ettore Scola，一九三一～，義大利電影編劇和導演。

會不會抖動，是不是萎靡不振，會不會昏倒，並察其笑聲、淚水、哀聲和嘆息」。「沒有任何一種情緒，可以不教某個特殊的眼部動作給洩漏出來，而且這是如此地顯而易見，以致即使是最愚蠢的僕役，也曉得要看主子的眼色來判斷是否對他們有所不滿。」

一名接受訪談的年輕女孩（十六歲），用她自己的話傳達了相同的意思：「我們從一個人對別人的態度和他看人的樣子、說話的語氣，就知道這人好不好。」話說，有一門學問，正是根據長相將他們區分成好幾種類型，此即起源於十七世紀的觀相術。經過一些知名學者如德拉波塔（Della Porta）、拉瓦特（Lavater）、賈樂（Gall）的推波助瀾，後來又被運用到犯罪學上，其中又以羅維尼於一八四一年出版的《杜隆監獄的苦役犯——以生理、道德與心智的角度視之》（Hubert Lauvergne, *Les Forçats considérés sous le rapport physiologique, moral et intellectuel, observés au bagne de Toulon*），尤具代表性。後面當我們討論到天生的罪犯時，還會再提到這本書。

言歸正傳。要如何辨識壞人呢？這個問題，我們首先應該去請教小孩子。孩子們對壞人壞事可說知之甚詳，他能夠迅速地看出父親是否在生他的氣——如果爸爸的眼睛對著他瞪得大大的，那他就是在生氣；如果他很溫柔地看著他，那就是沒在生氣。眼神果然非常重要。一八八五年時有個叫馬努斯（Magnus）的人，主張有一種「眼睛語言」

的存在。無論如何，我們可以說任何表情皆離不開眼神，像什麼「陰鬱的目光」、「黑暗的眼神」；大家不也常說「用眼睛殺人」和「邪惡的眼睛」嗎？還有就是壞人不都「眼神不定」、說話的時候頭低低的嗎？除了眼睛，另外還有讓額頭出現一條一條的皺眉頭和抿嘴，也是重要指標。雨果形容德納第大媽有著一張「土狼的嘴巴」，說陰森森的賈維「兩眼間有一條皺痕，好象一顆怒星」、「目光深沉，嘴唇緊閉，令人生畏，總之，一副兇惡的凌人氣概」，以及「筋骨暴露的扁額，陰氣逼人的眼睛，駭人的下巴」(58)。壞不壞也可以從臉色的突然改變來判斷；臉紅通常是害羞的表示，但有時可能意味著氣憤，甚至恨意。此外，身體的顫動也可以作爲指標，因爲讓我們發抖的不光寒冷和害怕，還有憤怒。已經滿九歲、講話有條有理的安愛美麗認爲：

我們可以從一個人的臉上看出這個人壞不壞（她尤其想到學校裡的一個同學）：他的眼睛隨時在觀察每個人，看看有什麼事發生，然後有誰可以欺負。他走路的時候嘴巴會歪一邊，一下右邊一下左邊，同時眼睛也會轉來轉去，跟嘴巴的方向剛好相反。他會若無其事地走過來無緣無故踢你一下，或罵髒話。

當然，不好的臉色不見得不會變好。尙萬強在苦牢裡被監禁了十九年之後，回到城裡，在路上遊蕩時，人見人厭，說他「一臉兇相」。

第二個可以來爲我們就「壞人長相」現身說法——儘管是若隱若現——的是小說家。紀德的「好情感寫不出好文學」，想必大家言猶在耳。那是因爲罪惡——壞是惡的一個強大支派——令人著迷，而且還花樣百出，所以只要是暴力，無論任何形式，通常都很受歡迎；因爲暴力可以刺激我們的想像力。再以《悲慘世界》裡的德納第夫婦爲例，這是一個四十歲的女人，雨果說她身材高大、淡黃頭髮、紅皮膚、肥胖、多肉、闊肩巨腰，魁梧奇偉……以及理所當然的心狠手辣：「一個肥胖、惡劣、嘗過一些下流小說滋味的婦人了(59)。」她的丈夫則是身材矮小、瘦削、蒼白、瘦骨嶙峋、弱不禁風，一天到晚怨天尤人（因爲欠人家一千五百法郎），用雨果的話說「糟糕得很」。這兩個角色截然不同於小說中其他的好人，譬如那個當過檢察官的參議員，「絕不是個有壞心眼的人」，以及別號「卞福汝大人(譯注)」、樂善好施、濟貧救病的迪涅主教。

若論文學中有名的壞女人，當然不能不提巴贊小說《毒蛇在握》中的「瘋母豬」，緊抿的雙唇、戽斗形狀的下巴，被她兒子弗萊迪說成：「她一張嘴，我就有屁股被踢一腳的感覺(60)。」

然而，大家一定愈來愈有這種感覺，那就是好人壞人光憑外表，不是那麼容易區分。光看面相不見得準，笛卡兒說：「有些人的哭臉幾乎和別人的笑容一模一樣(61)。」西塞羅不也認爲在一張人臉下可能躲著一個野獸般的靈魂。所以，我們前面提到的德納第老爹顯然非常明白要將他的惡劣和狡猾，用很得體的微笑和對人（幾乎）都彬彬有禮來掩飾。至於賈維探長，儘管身爲一個正直的執法人員，但他心中卻有著雨果所稱的「善中的萬惡」；他那種千方百計不惜代價一定要抓到尚萬強的狂熱，讓他變得奇醜無比。最後還有一例，那就伯朗特小說的女主角簡愛，她幼時患病，只能叫個藥房的人來看（因爲人家覺得不值得爲她請大夫），後來她不是說那藥劑師「雖然臉看起來很嚴厲，卻透露著一股慈祥(62)。」嗎？

當然，不能從相貌認出壞人是件很可惜的事，壞人其實看起來跟我們差不多，有時甚至會有一副天使的臉孔。前面提到的小女孩安愛美麗的媽媽就說：

如果壞人永遠看起來像殺人不眨眼的劊子手，嘴歪眼斜、目露兇光，那就好辨

譯注：Monseigneur Bienvenu，bienvenu是歡迎光臨的意思。

了。像我認識的一個人，外表一副仁人君子的樣子，是學生口中的好老師，個性好像很善良很平和，誰知道私底下在家裡是那種會做一些惡毒的事情的爛人。所以啊，沒有什麼標準典型的。

香達兒（十七歲），在巴黎唸高中，非常同意這樣的看法：

> 我們憑什麼可以隨便給人冠上壞人的頭銜？根據外表的印象嗎？有些人的確看起來不像好人，他們也許一副死氣沉沉、不太高興的樣子，或老繃著一張臉，走起路來不是腳步沉重，就是東倒西歪，眼神可能不太光明正大或說話有點沖。這些刻板印象可能會影像我們的判斷，但一個人的外表和內心其實完全是兩回事，那些「基本上是」的壞人，後來常常被證實是眞正的大好人。

連最嗜血的獨裁者也曉得要「裝好人」，像被前蘇聯政治宣傳單位說成是「人民的親爸爸」的史達林那張笑瞇瞇的臉，就還深印在我們的腦海中。當希特勒偕情婦艾娃以及他養的那些狗一起入鏡，準備拍一些可以千秋萬世永流傳的照片時，也曉得要露出笑容。

眞的就只有在童話或卡通片中，我們可以從某些特殊輪廓或型態，一眼就看出誰是壞人，像尖尖的紅鼻子、駝背、奸笑等等。說到這裡我還想起《化身博士》裡那個吉基爾博士，誰會想到這個看起來如許溫和的科學家，事實上就是大壞蛋海德呢？誰也看不出來，當然。

至於掌握壞人的心理變化，那才眞是難於上青天。小說自然是例外。小說家有辦法描繪出一幅幅壞人的肖像，有時幾乎已臻誇張的地步。小說裡的男男女女，若不是心狠手辣、傷風敗俗、嗜血成性、鐵石心腸、不公不義、不知悔改的大兇大惡，就是抱仁守義的大善人。再拿《悲慘世界》中的德納第大媽爲例好了[63]。這個講髒話不在男人之下、嘴巴上長著鬍子的女人：「只要一開口，窗玻璃、家具、人，一切都會震動。」而可憐的珂塞特當然常常被她打得遍體鱗傷。至於德納第老爹，雨果說他「完全可以成爲一個暴徒」、「這是一個具有魔性的小商人。撒旦偶爾也會蹲在德納第過活的那間破屋的某個角落裡並對這個醜惡的代表人物做著好夢的。」老爹對珂塞特自是不好，不過是另一種方式的凌虐，譬如大冷天裡強迫小女孩光腳出門。總之，德納第伉儷絕對是一對最佳的壞人壞事代表。雨果寫道：「這兩個男女是一對一唱一和的尖刁鬼和女瘟神，是一對醜毛驢和劣馬。」當然我們也不能忘了書中另外一個壞人賈維探長，波特萊爾在給《悲慘世界》寫的序中，說賈維這個角色是：「沒有辦法改變的怪獸，對正義飢渴得像野獸之嗜吃血淋淋的鮮肉。」

但我們還是要再次強調，好與壞的分類，無論是在動物界、童話裡或人類社會中，都是非常禁不起考驗的。如果我們都聽說過好巫婆和守護巨人的故事，那麼像格林童話《青蛙王子》裡的那個把王子變成青蛙的壞仙女，或壞王子（譬如安徒生童話裡面那個想要進攻天庭，打敗上帝的王子，最後遭到懲罰，瘋狂以終）、壞國王（譬如格林童話《魔鬼的三根金頭髮》中的那個國王）的例子也不在少數。

《魔鬼的三根金頭髮》是家喻戶曉的童話故事。話說從前有一個國王，某日得知一對貧窮夫妻的新生兒因爲天生好命，十四歲那年將可娶得公主爲妻。國王於是派人去把嬰兒搶來，放在盒中，丟進河裡，想讓那孩子淹死。一個磨坊的夥計剛好經過河邊，發現了盒子，將孩子救出來，帶回家與妻子一起扶養長大。數年之後，國王偶然經過那附近，看到一個長得非常俊美的年輕人，好奇問了他的來歷，才恍然大悟當年的計謀沒有得逞。於是他給了少年幾個金幣，要少年捎信給王后，信中寫著要王后見信便將信差處死。沒想到少年在森林裡迷了路，被一幫土匪收留。土匪們拆了信，讀了內容，決定在信裡動一下手腳，變成要王后見信即令信差與公主成婚。待木已成舟，國王方從外地歸來，發現少年已如預言成了自己的女婿，便對少年說其實並不要女兒一輩子留在身邊的，如果他有辦法取來三根從魔鬼頭上拔下來的金頭髮，便不再反對他和公主。於是少年歷經了這裡就不再多說的千辛萬苦，不但取來了魔鬼的三根金頭髮，後頭還跟著四頭滿載金幣的騾子。國王見狀，樂得嘴都合不攏。

有件事情是確定的，在給壞下定義時，我們之所以堅持不採用受害人的觀點，是因爲這樣的觀點太主觀了，所以沒有立足點。在最極端的情況下，受害人會覺得到處都是壞人：不願意借的錢，不想幫的忙，忘記赴的約或不夠友善的眼光……。所以我們才會認爲一個人不能根據那些他覺得是針對他的行爲，來評論行爲者是好是壞；我們應該嚴守前面提到的客觀原則。同樣的道理，小說家的觀點並不足以判定他筆下那些壞人的行動或言語，換句話說，關於書中人物是好是壞，該書作者的個人意見未必具有更大的正當性。事實上，自覺得是好人（或不是好人），並不意味著我們就眞如自己所想像的那樣。著名的心理學家阿德勒（譯注）曾指出一個人對自己是怎麼想怎麼說的，根本不重

譯注：Alfred Adler，一八七〇～一九三七年，奧地利心理學家、醫學博士，個體心理學的創始人。

要，重要的在於他的行爲。

無庸置疑的是，如果人能夠很清楚地知道什麼是好什麼是壞，問題就不會那麼多了。說到這裡，我們實在有理由怨恨上帝爲什麼要剝奪人類辨別善惡的能力。當初，亞當在伊甸園時，就被警告：「分別善惡樹上的果子，你不可吃，因爲你吃的日子必定死。」眞是慘啊！如果不是這棵「魔樹」，我們人恐怕還在地上樂園裡悠哉遊哉地當著好人，而且只知道做好事！從這個觀點來看，上帝對我們也實在沒好到哪裡去，因爲祂將善性從人類身上收回，只爲了懲罰亞當和夏娃的不聽話。

第3章 壞從何處來

壞究竟會不會遺傳？
難道眞是上梁不正下梁歪，
老子不好兒子壞，有其母必有其女？
不然爲什麼有些人家出「歹子」的比例就是比別人家高？

天生自然或文化使然

我們透過經驗對某事物只能知其然，
卻無法知其所以然，
遑論其本然……。

黑格爾《哲學預備教育》（*Propédeutique Philosophique*）

就算我們對壞人壞事經驗豐富而且知之甚詳，大部分的時候我們卻不明其原由，所以接下來我們就要試著弄清楚它們的——用黑格爾的話說——「其所以然及其本然」。我們會試著把各種對立的理論在這裡簡單地介紹出來。

壞人是天生的嗎？

有所謂的壞人體質或惡劣的脾氣嗎？那些天生壞蛋是不是就混跡在我們之間？壞這種東西會不會遺傳啊？

有時候我們會說某某人的「人格」很壞，那麼人格究竟是什麼呢？心理學家——尤其是十九世紀——很喜歡用這個詞來指稱個體的舉止或行爲；透過這樣的觀點，我們陸續發現了「問題兒童」、「好動兒」甚至最糟糕的「人格障礙兒」。這些小孩就算沒被判定爲「人格惡劣」，也會被理所當然地視爲「脾氣不好」。有些社會學家，諸如美國的芮斯曼（David Riesman），則借用了心理學的概念，發展出「社會人格」的概念，用以指稱某個國家中大部分人民會出現的特殊行爲模式。

那我們的人格究竟從何而來呢？我們的天性中難道眞如康德所謂的有某種「與生俱來的壞」嗎？惡性是否已根深柢固於人類的存在中呢？它是否是那些深層的、原始的本能之一，透露著我們的腸肚心肝（或說生物本性）？如果就像康德說的，本能即去做某件我們還不曉得是什麼但卻能因此而獲得快感的事情的需要，那麼從人犯了原罪這件事來看，人的本性應該是不好的嘍？簡單地說，這個世界上到底存不存在著一種和雨果所謂的「善的本能」相對的「壞的本能」呢？如果答案是肯定的，那麼壞可以被視爲一種像龍捲風或海嘯那樣的「自然」災害嗎？

佛洛伊德認爲壞是一種絕對的惡，是人性中與生俱來，「無法去除的一種特質」。在他眼中，人類生來就傾向於作惡、侵略和破壞，也就是說有殘酷的傾向。人會想要傷害同類以滿足自己那侵略性的需要，想要無償地剝削同胞的勞力，甚至未經同意對其性侵，侵佔他人的財物，令其痛苦不堪，污辱之，折磨之，殺害之。這也說明了人類在逞兇鬥狠上絲毫不缺乏想像力，方法五花八門，形式多彩多姿，正驗證了基督教主張的，上帝爲了懲罰亞當和夏娃，於是令人類從此不潔。若說人類具有善性和理性，那他同時也有黑暗和壞的一面。這就是爲什麼會有洗禮這種目的在洗去小嬰兒原罪的入教儀式。

是否因爲如此，我們才會老是拼命想要把性格和行爲的起源置於人體的某個部位中，不然至少也要將兩者（一邊是身體，另一邊是性格與行爲）扯上關係？伊波克拉底（Hippocrate）在他的行爲理論中，就已經指出機體運作和心理特質兩者之間有某些面相是互相對應的，這種看法經過歷來煉金術士以及諸如塞勒斯（Celse）、嘉廉（Galien）、亞維瑟（Avicenne）等醫家的發揚光大，從中世紀一直盛行至古典時期而不墜。笛卡兒自己在討論人類的激情時——這個我們後面還會再提到——也是採用這樣的觀點。

人是否生來就是壞的呢？「這個男孩不但不壞，還很善良，就像所有出生到這個世界上的小孩一樣[64]。」阿德勒如是說。其實伏爾泰就已經持這樣的觀點了：「人出生時一點都不壞，」他在《哲學辭典》[65]中寫道。「他是後來才變壞的，就像他會生病一樣。」伏爾泰認爲當時地球上的十億人口中，也許每一千個人之中才有一個壞人，「而且這人還不會無時無刻都在使壞」。然而，距今不到半個世紀以前，某些像貝爾杰博士（Dr André Berge）那樣的作者，會毫不遲疑地就「先天性和倒錯性的壞」侃侃而談，儘管他們對回答究竟什麼是壞不是那麼感興趣。

我們的部分同胞，以及住在歐盟（特別是比利時和瑞士）的友人，透過我們這次的訪談，終於大團結起來——他們不約而同，異口同聲地認爲……不！沒有人一生下來就是壞人。

> 沒錯，我認爲沒有天生的壞人，他們應該都是後來才變壞的，也許是因爲童年的環境，或家長沒有善盡督導，或交了壞朋友。我總覺得至少有一百萬個參數必須考慮。有時候甚至是情境讓我們做出壞事。
>
> 魯道夫（二十一歲）歷史系一年級學生，瑞士

我相信沒有人的本性是眞的很壞……我是指剛出生的時候……是沒錯，有些小孩再大一點就會開始使壞……像那些小流氓……有些還眞得很壞，蠻恐怖的，你都可以感覺到他們身上散發出來的那股恨意；我是覺得這跟家庭有關，或是因爲他們沒有辦法融入這個社會。

匿名（十六歲），就讀南特地區的高中生

有些人會將他們的思路解釋得較爲清楚：

既然我都覺得不可以將一個行爲的本質和做出該行爲的人的本性混爲一談，「天生就壞」這樣的命題對我來說自然更不具意義了。倒是人有可能一生下來就帶著某些心理、生理或精神上的缺陷，而這些就可能成爲讓人做出壞事的溫床。一本像《人面獸心》（譯注）那樣的小說，就在指出如果祖上好幾代都酗酒的話，生下來

譯注：*La Bête humaine*，法國寫實主義作家左拉的作品。

的後代會是如何地暴戾和無法控制自己。但我覺得壞人不應該歸咎於遺傳……一個會做出壞事的人，即使是慣犯，也不見得他的本性就是那麼壞，我這裡所謂的壞事，包括一切會被指責的行爲，從這個角度來看，偷東西的不見得是小偷，殺人的也未必是兇手。

某女士（三十八歲），在巴黎市從事醫療助理工作

給一個人貼標籤，而無視於他的所作所爲，是蠻危險的一件事。因爲如果「江山易改，本性難移」的說法已被廣爲接受，那麼說一個人壞，就等於斷定他一輩子都不會變好……這樣的想法實在很可怕！

那麼科學家對這個問題又持何種看法呢？譬如，是否存在著一種可以用來對人類侵略性進行測量的「暴力染色體」呢？「天生罪犯」這樣的概念在十九世紀末經義大利犯罪學家郎布佐（Cesare Lombroso）的大力推廣，一度十分流行，如今雖已被斥爲無稽之談，但像「天生壞蛋」這樣的近似觀念，難保不會死灰復燃。有沒有可能找出變成壞人的先天傾向？我們不是總有辦法在有意無意間提到那些似乎會一代傳一代的家族特徵？大家對那些用來形容小孩子的俗諺恐怕都耳熟能詳吧，像什麼「跟他爸爸是一個模子印

出來的」，這句子裡的爸爸可以替換成媽媽、祖父、叔叔、舅舊和任何扯得上關係的親戚！萬一所謂的模子是個不好的模子，那這種說法在某種程度上不就等於承認了體質上的惡劣，亦即在基因上早已注定令人莫可奈何的壞性？換言之，壞人都要歸咎於家族遺傳的關係？難怪那些豺狼似的爹娘都要擔心自己的惡形惡狀會在小孩身上重現，因爲即使這樣的父母，承認自己的小孩壞也不是什麼好事。

壞究竟會不會遺傳？難道眞是上梁不正下梁歪，老子不好兒子壞，有其母必有其女？不然爲什麼有些人家裡出「歹子」的比例就是比別人家高？如果有人曾遭受暴力和惡性侵害，這人日後爲惡的可能性會不會比一般人高呢？

《悲慘世界》裡的德納第一家便是壞會遺傳的例證。「德納第大媽對珂賽特既狠心，愛潘妮和阿茲瑪（她的兩個女兒）便也狠心。」雨果寫道。「孩子們，在那種小小年紀，總是母親的翻版。只是版本的大小有所不同而已(66)。」巴贊在《毒蛇在握》中所描述的赫佐一家，則是「虎父無犬子」——也許此處我們應當將這個公式修改爲「惡母無善兒」——的另一例証。請看下面主人公「攪泡泡」的告白：

我的個性中沒有一絲情感，或我臉上沒有一根線條，是我在她身上尋覓不著的……瞧不起弱者，不相信良善……對爭奪的喜好……頑冥固執、吝嗇貪財、只相信自己的力量，並因此而獲得力量。幸會啊，瘋母豬！我果然還是妳的小孩，即使妳未曾把我當孩兒來疼愛[67]。

接著，少年一面想像著自己的未來，一面做出結論：「我存在，我活著，我攻擊，我破壞……謝謝妳，媽媽！我就是那個握著一條毒蛇往前走的人。」對就讀巴黎市某私立高中一年級的路西安來說，事情已成定局：

> 拿下面兩個例子來說吧。有個在單親家庭出生的小女孩，她的母親本來不要小孩的，沒想到還是被迫必須獨自扶養女兒。小女孩很有可能被母親虐待。相反地，另外有個男孩，出生在一個父母和兄姊都非常疼愛他的家庭。當有天這兩個人在學校裡碰上了，小女孩肯定會有模仿母親的傾向，表現出一副兇惡的樣子，而小男孩唯一能做的就是忍受這樣的兇惡。

然而，我們還是不能站在決定論這樣的觀點來看壞人壞事。司法史上有眾多的故事告訴我們，一個強盜的小孩不見得會成爲強盜。沒錯，「天生壞蛋」這樣的觀念確實很難被大家接受。列維對此深信不疑：納粹黨員，尤其是艾希曼（譯注），「不是天生的劊子手，他們——除了很少數以外——並非怪物，他們只是一些普通人而已(68)。」也許我們可以換個角度問，爲什麼一個普通人會變成怪物？列維的回答是，因爲無知。此一想法與柏拉圖以知識抗惡的想法不謀而合。

人的壞性從何而來，各種說法可謂錯綜複雜。當初醫學界證實蒙古症（唐氏綜合症）乃是第二十一對染色體的三體變異之後，就有人認爲暴力傾向是性染色體Y多出一條所造成的。後來又發現某幾類監獄犯人其染色體不正常的比率明顯要高出其他類型許多，讓「天生罪犯」這樣的舊觀念又開始蠢蠢欲動。此外，布朗（Court Brown）在一九六二年的研究也發現，比正常男性的XY多出一條X染色體的柯林菲特氏症的患者，較容易有反社會的行爲。凱塞（Casey）和尼爾森（Nielsen）後來在一些輕罪監獄所進行的調查也顯示，這些在獄中服刑的犯人患有柯林菲特氏併發症的比例，是一般人的五至十倍。不過如今我們對先天性罪犯這樣說法的極限在哪裡又更清楚了一些，譬如心理

譯注：Eichmann，一九〇六～一九六二年，德國納粹的重要負責人，納粹猶太人大屠殺的主要設計者。

情緒（不滿或自卑）與違法行為之間的關係，較諸某些特殊的形態或生理構造，似乎更為深遠。一般而言，多出一條染色體只會讓個體情緒的高反應性程度發生改變，而且這種改變在沒有某些複合因素——尤其是環境——的情勢配合下，根本不會起作用。

今日的科學家似乎又另闢蹊徑。有些生物學家已經開始宣稱有所謂行為基因的存在。前不久不是有一種「自閉症基因」被人找了出來嗎？胡貝托（Pierre Roubertoux）於是認為由於某些基因會影響到大腦的運作，所以行為方式也間接地受到調整。然而他又忙不迭地加了一條但書，聲明切不可將基因型和大腦，以及大腦與行為之間的關係想像成一條直線。事情沒有那麼簡單。還有，要讓人做出這個或那個行為，並非單一的基因便可竟全功，而是需要一組基因電路才辦得到。

結論就是，在不否認染色體畸形對心智發展所能產生的各種影響的前提下，我們目前尚無充分的科學證據足以證明體質性壞人一說為眞。更進一步說，即使我們偶爾有辦法指出突如其來的兇惡行為和機體機能障礙——譬如由於神經系統發展遲緩或偏執狂所造成的垂體障礙——之間的關係，這樣的可能性仍無法瓦解我們先前的結論。

心理分析教我們的事：衝動理論

壞會不會是某種特殊衝動的表現，亦即某種存於我們的內在，而我們卻渾然不覺的東西。這裡我們有必要再回顧一下本書一開始所提到的攻擊性概念——這大概也是一切爭議的核心吧。攻擊性和壞的意思很接近，以致於有人認爲兩者可以畫上等號。然而，兩者還是各有所指，我們頂多能夠把它們當成類似詞，或把壞視爲攻擊性的一種具有道德意味的說法。下面我們就來看看佛洛伊德是怎麼說的。

大家都知道，佛洛伊德是經過長久的修改和訂正之後，才提出兩種截然不同的衝動類型：一爲愛洛斯（Éros），即「生之衝動」，一爲塔那多斯（Thanatos），即「死之衝動」。現在讓我們暫且將「死之衝動」有無可能成爲壞的載體或目的的問題擱置一旁，從頭說起。佛洛伊德最初的衝動理論，見於一九一五年發表的〈本能及其變異〉（Pulsions et destins des pulsions）一文，文中佛氏將侵略性歸咎於性慾的變異，認爲乃性慾受挫，無法得到滿足的後果；他認爲恨是稍晚在家庭環境壓迫下有了挫折感之後才產生的，而非個體根深蒂固的本能。一九二〇年，佛洛伊德發表〈享樂原則之外〉（Au-delà du principe de plaisir），始著手研究死之衝動，又稱「塔那多斯」，並把它們和「愛洛斯」對立起來。愛洛斯囊括所有延續生命的行爲，兼具了傳宗接代的性衝動和個體的自身守恆（autoconservation）衝動；相反地，塔那多斯表現出來的則是一種破壞和致死的力量，佛洛伊德將其與性慾結合且外顯的那部分稱之爲「攻擊衝動」，至於另外那和性慾有關卻滯留在機體裡面的部分，則構成初發型的被虐狂。照佛洛伊德的說法，死之衝動即濫觴於個人一種深刻而且無意識的罪惡感，以及上述這種本質性的、與某種挫敗自卑情感互爲因果的受虐狂。受虐狂其實有兩種，一爲初發型，一爲繼發型。繼發型受虐狂是由於原本指向外在目標的攻擊性突然轉向自身——換言之即施虐狂的突變——所引起的。

佛洛伊德的這段文字告訴我們，任何挫折感對人來說，都是一種威脅，所以人爲了自衛，會努力釋放出他那些通常是針對他人的攻擊衝動。這樣不但可以讓他驅除本身的焦慮，還能避免遭遇到其他更強大的、令人無法承受的壓力。

關於攻擊衝動的起源，現代心理分析學家仍眾說紛紜；有人認爲和個體天生的運作方式有關，有人則主張須歸咎於母親行爲所引起的挫折感。人從小就可能因爲一己所欲和母親想要的有所衝突而遭遇挫折，他會將這份挫折感先是投射到家庭中，然後是社會上。相反地，所有的心理分析專家都會強調這種衝動的無法避免性，以及造成我們每個人有所不同的情感雙重性（愛／恨）——這種雙重性即內心衝突的起源。總結來說，每個人的內在都同時存在著爲了延續種族的生之衝動，和死與侵略之衝動。愛洛斯和塔那多斯之間那些互相敵對卻又緊密相連的作法，其實在生命過程中是不可或缺的。

現在我們終於可以來探討死之衝動和壞之間有否關聯，然須愼防將該衝動當成壞人壞事的唯一原由。就算壞起因於每個人內心都會有的驅力、焦慮和防禦等機制，用衝突理論來一言以蔽之，亦不無危險性，因爲這意味著人毫無選擇，必然走上暴力之途。我們後面就會看到，人其實還可以在很多其他因素上努力，如果他仍指望著有天能夠擺脫他那些「壞操行」。

惡人養成班：家庭和學校的環境素因

家庭和學校可以是培養壞人壞事的最佳溫床，譬如在家中被虐待或到學校裡交了壞朋友，或是遭逢變故，無法從失去親人的哀慟中恢復過來。

讓我們舉一個從文學裡借來的例子：《毒蛇在握》的主人公，綽號「攪泡泡」的尙・赫佐，他自稱從四到八歲的時候是非常乖的，乖到簡直成聖。那些年是他跟著祖母生活的好時光。然後，有天祖母死了，小尙的好日子就這樣結束了；原本在中國定居的爸媽決定返法接管家業和扶養兒子。當兄弟兩人到火車站迎接赫佐夫婦時，小尙見到了從未謀面的母親，不料母子重逢的場面不但冷若冰霜，小尙還挨了生平第一記耳光，被踢了平生的第一腳，地獄般的生活從此展開。瘋母豬壓根就不愛自己的孩子，所以她會「下重手」來教育他們，實不足爲奇。當然，她那些對付小孩的恐怖手段，都被說成絕對是爲了他們著想，譬如她把他們房間裡的暖爐封起來，是因爲不希望哪天早晨起來發現他們已經窒息而死；如果她不許孩子們睡枕頭，是不要他們以後變成駝背……就像大家都聽過的那種老掉牙的「爲了小孩好」！這樣的論調可以讓人放心，原來媽媽並非無緣無故兇孩子的。瘋母豬除此之外，還很會粉飾她的兇惡：「她要報復你的話，絕對不會沒有理由，她會冠冕堂皇地把所有可以放上檯面的社會習俗、法律條文甚至基督徒守則拿來當藉口，換句話說，用正義來撐起她的嚴酷(69)。」於是，小尙兄弟三人都恨她入骨，以致於當母親臥病在床時，他們竟巴不得她死掉。

第二個例子是尙萬強。他出身寒微，誠實苦幹（是個修樹枝工人）。他雖不幸早年失去雙親，但因爲很有責任感，所以大姊七個子女的扶養重任就全落到他頭上。他非常辛勞地工作，勉強換取全家溫飽。有天他實在找不到工作，不得已偷了一個麵包，卻被逮著送官，獲判五年的苦役監禁，罪名是「夜闖民宅竊盜」。但這牢他一蹲就是十九年，因爲中間曾越獄數度未果。那麼，這個尚萬強究竟是個什麼樣的人？在雨果的筆下，他是一個想得很多，有點暴躁，卻極有情義而且慷慨的人。他的「本性並不壞」，然而多年的牢獄生活卻迅速改變了他的本性，讓他變得陰鬱深沉。尚萬強雖承認犯罪，但不覺得自己所受的刑罰是罪有應得。他並且怨恨這個社會一直在讓他痛苦，害他找不到工作，他於是決定要「恨」這個社會。因爲這股怨力，他開始發憤學習閱讀、寫字和算術，一心認定如果自己變聰明了，就會更有力量報復。雨果說那個時候的尚萬強「覺得自己變成了一個壞人」。這就是一個好人在某些特殊情境的不可承受之重下變壞的例子。雨果在書中用了一整頁的篇幅，很巧妙地點出了問題的癥結。人的性情眞能那樣徹頭徹尾完全改變嗎？人由上帝創造，生而性善，能透過人力使他性惡嗎？靈魂能不能由於惡劣命運的影響徹底轉成惡劣的呢？人心難道也能像矮屋下的背脊一樣，因痛苦壓迫過甚而蜷屈萎縮變爲畸形醜態，造成各種不可救藥的殘廢嗎(70)？提出這一串問題之後，作者接著毫不遲疑地回答：不，人不會失去他內心那種「來自上帝的素質」，善的火花將永遠發光，「永遠也不會完全被惡撲滅」。尚萬強雖受著苦痛，心懷恨意，卻不知道自己所感受到的究竟是什麼。也許是因爲他還太愚昧，所以不可能有「作惡的意圖」！

最後一個例子是《簡愛》中的女主角小簡愛。她那個陰森森的舅媽瑞德太太一點也不喜歡她，覺得這個小女孩陰險、狡猾。而簡愛又是個有個性的孩子，當然會反抗，偶爾甚至會做壞事。爲了不想再當壞孩子並離開那座死氣沉沉的屋子，簡愛寧願去住寄宿學校。不過這是後話。

現實生活中因爲家庭環境惡劣而出現行爲偏差的例子比比皆是。六〇年代末愛爾蘭有一份針對十七個謀殺罪犯進行調查的研究報告顯示，這些研究對象全都曾經明顯地遭到家庭的排斥或拋棄。可以確定的是，充滿爭執聲的怨氣環境，有利於壞人壞事的再生機制——當然，這也不是絕對無法避免的。

從「壞胚子」到小霸王

兼論父母與子女、老師與學生、雇主與員工之間的幾種惡形惡狀

「壞」、「乖」、「好」、「不好」，這些都是父母的口頭禪，在他們的眼中，一個小孩不是乖就是壞，不是好就是不好。從前的人比較常講「難帶」、「好動」或「討

厭」。但小孩子不都是有點乖又有點壞嗎？大家不是都會說「好個小惡魔」，而且我們也都知道這個所謂的小惡魔不見得會一直壞壞的，他有時候只是想逗逗你，戲弄你，吸引你的注意。媽媽（或爸爸）口中的「壞小孩」，首先是因爲他的行爲讓她很不滿意，所以「任性」、「懶散」或「自私」也是她口中常說的形容詞。我們可以說，在這種情形下，壞成了一種「醜陋的缺點」——醜陋？這可奇了！難道缺點還有漂亮的嗎？

小孩眞的懂得作惡嗎？換句話說，他會存心做壞事嗎？抑或只能受某種「黑暗力量」的驅使而行動？有個媽媽，孩子在學校把小朋友打得鼻青臉腫，但她聽到後第一個反應是「他在打人的時候根本不曉得自己在做什麼」。

關於這點，有兩派理論。下面我們就來簡單地說說。對心理分析學家而言，尤其是佛洛伊德，我們前面也看到了，兒童身上確實存在著壞（雖然佛洛伊德從未明講在哪個年紀）；小孩子甚至會幻想殺死自己的父親——佛洛伊德承認他就曾經對父親有過這樣的感受。心理學家認爲，事實上這種被佛氏稱之爲恨的惡意，從小孩明白原來母親並不是他的，所以不能任他支配的那一刻起就萌芽了。佛洛伊德把這種過程叫做「外置化」（*excorporation*），被外置的包括了一切外在事物，尤其是陌生人以及廣義的壞人。所以說小孩子是一種恨的動物，更糟糕的是，他還是一個「多形性慾倒錯者」（*pervers polymorphe*），至此，盧梭那種小孩子最純潔的說法，徹底被瓦解了。

基督教在發展初期，人們也覺得兒童是壞的，所以有洗禮的習俗。伏爾泰在《哲學辭典》中曾提及某種祕密教派會把剛受完洗的小孩殺掉，讓他們直接獲得永生，以免在這個塵世中因爲變壞而痛苦不堪。然而，對另外一派的哲學家來說——特別是黑格爾——小孩子並不懂什麼是眞正的壞，他們也不會作壞事，因爲「他們無法賦予這些行爲任何意義（71）」；他們沒有足夠的批判力來辨識好壞。雨果在《悲慘世界》中抱持的也是類似的看法，說人只要還是個孩子，上帝就希望他純潔無知。心理學家對這樣的分析深有同感，他們認爲如果小孩透過對自己身體的佔有，意志力的操演和你的／我的的分辨，大概在三歲左右開始建立自我意識，那麼必須等到七歲的時候，才會產生道德意識，才有能力分辨行爲的好壞；在此之前，對小孩子來說，可以做的就是好，被禁止的都是壞。

所以七歲這個一般兒童從毫無判斷跨入有所判斷的「講理年紀」就成了重要的分水嶺。只有七歲以後的小孩知道怎麼壞法，七歲以前，甚至七歲整的，對自己的行爲尚不知其所以然，他唯一知道的是「人家強迫我」這麼做的。這個年紀的小孩還無法理性思考；貝特罕認爲，他們會用行動來代替理解，換句話說，亦即他尚無法爲其行動賦予意義。總而言之，這個階段的幼兒最欠缺的就是意識。很小的小孩之不懂得作惡，就像他也不曉得自己也會死掉一樣。他們每次做錯事的口頭禪「我不是故意的」，就是足以消弭一切懷疑的最有力證據。

小孩子最喜歡講自己「不是眞的」要幹壞事，譬如他們很愛玩打架遊戲，儘管現在的小孩似乎愈來愈不像在玩。事實上，人類的小孩正展現出一種向其他幼獸看齊的趨勢，例如小猴子或小狗，牠們會「眞的」咬下去，好證明自己比對方強壯，是老大。此外，無論動物還是人類，一般都是雄性比較好鬥，尤其是他們彼此之間。

小孩一旦到了能夠辨別是非的年紀之後，就不只對人不好了，還會對動物下手，甚至出現凌虐的行爲；例如《毒蛇在握》一開場，就是小小年紀的「攪泡泡」雙手勒緊一條毒蛇，直到牠斷氣爲止。魯道夫也跟我們提到一些被摔在石頭上的青蛙。小孩子通常喜歡找蒼蠅或螞蟻之類的小動物下手。阿德勒曾經跟我們說過一個小孩的故事：這孩子有時候會很仔細地把窗戶上的蒼蠅和蟑螂一隻隻抓下來壓碎，不然就是拿蚯蚓往自己的手指上纏，直到變成一堆肉泥爲止。阿德勒認爲他這麼做是爲了顯示出自我的力量。前面提過的愛蜜莉，也提供了她自己的例子：

我記得大概七、八歲的時候，很喜歡捉弄蜘蛛。可能是我本來有點怕牠，因而感覺到某種控制牠的需要吧。所以我決定進行一個科學實驗，把所有我能夠捉到的蜘蛛關在棉花棒的盒子裡，好幾天不給牠們吃東西，然後丟進一隻死蒼蠅看看會發生什麼事。直到有一天，有隻黑蜘蛛把其他的蜘蛛都吃掉爲止。因爲這個實驗不是很成功，我又決定做另外一個活體實驗。有天我正在廚房畫圖的時候，看到一隻長腳大蜘蛛爬過來，於是我趴在地上觀察牠，用一枝彩色鉛筆撥牠，接著又決定把牠的一隻腳切斷……看會發生什麼事……後來我突然覺得自己是全能的，能夠將這隻蟲這樣玩弄於股掌之間竟然令我感到一股異樣的快活。我好像成了什麼上帝還是巨人，允許自己爲所欲爲地去折磨這隻蟲。最後我不但把牠的腳全部切斷，還用水彩把牠的身體塗成紫色。

一個具備理性，能夠做理性思考的孩子，其作壞的方式有好幾種。一是模仿。我們都知道小孩的模仿能力很強，他們會模仿看到、聽到的一切。這就是爲什麼如果他的周遭有什麼壞榜樣被他看到或聽見，他很可能就會學，而且還覺得自己壞得「很好」，因爲身邊的大人亦如此這般。小孩甚至會模仿父母，認爲這樣可以更接近他們，討他們歡心。要怎麼說呢？像小孩子這種由於無知而犯下的惡，應該不算眞正的壞，因爲並非蓄意爲之。

二是受到指使。有些人會鼓勵，甚至誘導自己的小孩要兇一點。他們還會拿小孩子來當掩護。譬如，有個孩子告訴父親說他剛修理了另外一個「罵他是XX」（侮辱）的小孩，父親聽了很高興地回答兒子說他做得很好，做人就是要曉得怎麼讓人家尊重你。這裡的打人行爲其實是爲了顯示自己的男子氣概，但無論如何都可以視爲眞正在作惡了，因爲孩子的確有傷人的意圖。

還有就是疼痛所使然。小孩可能因爲病得太難受而脾氣不好。譬如，有個媽媽幫孩子量體溫，竟然已經發燒超過三十九度了。孩子看起來很焦慮煩躁，而且有攻擊的傾向。他不但把杯盤全扔在地上，還拿自己的玩具出氣。來家裡看診的醫師斷定他得了支氣管炎，生病讓孩子感到不安、想摔東西。一個本來很溫順的孩子，頓時變得兇巴巴的。但這不是眞的兇，而是被病痛逼急了，才會不由自主地那麼做。在這種情況下，孩子也不算眞的壞。

通常，二到四歲的孩子特別具有攻擊性（此處我們不說「壞」，因爲就像前面解釋的，這個字用在幼童身上並不恰當），無論是在家中還是在學校。就這點而言，學校眞的稱得上是一座攻擊性的競技場。大家可能還記得二〇〇四年在法國上萊茵省的阿爾特喀爾什（Altkirch）市發生的幼稚園學生打架事件。一個小女孩，遭同校男女同學毒打，打人的兩個都是五歲，挨打的才三歲。從受害人家長拍的照片看來，小女孩臉上和身上有多處淤血和深深的抓痕，右手並有一處齒痕。一個月之後，小女孩仍時時刻刻感到惶恐不安，尤其是在出事的遊戲場上。根據受害人母親的說法：「她竟然有罪惡感，覺得自己才是『壞人』。」

心理上的創傷會透過很明顯的方式表現出來。譬如上述的小女孩會對著她的洋娃娃重演自己的遭遇，尤其是臉上的抓痕。這是例外的偶發事件嗎？非也。根據統計資料，二〇〇四年全法國幼稚園和小學一共發生四千五百起暴力行爲，跟前一年比起來，增加了五個百分點。其中以出言侮辱和恐嚇佔最大宗（百分之三十二・五），然後是未使用武器的身體暴力（百分之二十五・四）、偷竊或企圖偷竊（百分之八・七）、破壞公物（百分之五），有性侵成分的暴力行爲（百分之四・七），和其他不分類的嚴重行爲（百分之六・八）。一些老師表示，學生到了年底要放年假之前，都會變得格外易怒而且具攻擊性，彼此無法容忍，尤其是在下課時間。一個年輕的幼教老師說道：

我班上有兩個很難帶的四歲小男生。他們的口語表達很差，家庭環境非常糟糕，所以他們必須透過辱罵或抓打其他同學來獲得補償，證明自己的存在……上個星期，其中一個欺負另外一名女生，想要咬她，而且沒有什麼特別的理由。這才是最嚴重的。

不過這裡我們還是要再次強調，兒童在到達理智年齡，亦即大約七歲以前，即使會出現攻擊或暴力行爲，我們也不能說他們「壞」。因爲前面說過，本書所定義的壞，必須是有所預謀，蓄意爲之。

一旦有了這個前提，我們可以說那些在家中稱霸的孩子，是眞的蠻壞的，甚至是最壞的，因爲他騎在家人頭上，虐待他們的身心。誠如西康恩（Albert Ciccone）所言，這種小孩喜歡「試探你的底線」，他們想知道底線之外還會有誰，換句話說，他們需要確認底線之外永遠有個大人、慈愛的母親。

一個具有理智的壞小孩很可能同時也是一個傷心欲絕的孩子，因爲他們被迫離開母親的懷抱，對此耿耿於懷，不能原諒母親。有的小孩爲了報復，會一陣子都不想跟媽媽說話。壞小孩也可能是沒有信心的關係，覺得人家——也許是太敏感，也許眞有其事──都在排斥他，誰也無法取得他的信任。這種小孩冒著被處罰的危險做壞事，他們甚至希望被處罰，以降低因做壞事而造成的良心不安，並吸引別人注意到他們內心巨大的煎熬。通常，父母如果不了解孩子內心的痛苦和何以惡形惡狀，用大人自己的惡形惡狀來回應，如此只會更強化孩子的偏差行爲，造成一種「看誰比較壞」的惡性循環。由此可見，應該要像貝特罕建議的那樣，試著肯定這些「壞小孩」的生命意義，幫助他們將混亂的情緒整理出一個頭緒，爲他們指出仍在他們內心深處若隱若現的光明。

身爲父母的也可能對小孩很壞。文學中的壞媽媽和壞爸爸其實一樣多。只不過這些惡爹惡娘也許就和他們的孩子一樣，「不是來眞的」，只是裝出來的，爲了讓孩子聽話；所以這是一種假的壞，是溫柔的斥責，是──用佛洛伊德的話來說──「開玩笑的恐嚇」。有時候，小孩子實在太不乖，媽媽們不是都會說出這樣的話：「你再吵，大野狼就要來把你吃掉嘍！」我還記得小時候如果不乖（當然這個如果很少發生啦），大人就會說要把我的耳朵「剪成尖的」。我馬上就會想到這樣的手術一定沒有麻醉，一定會把人給痛死。

先來說爸爸好了。照佛洛伊德的說法，天底下的爸爸都是變態，都是壞人──「包括我自己的在內。」佛洛伊德承認道(72)。事實上，他認爲所有的大人都是登徒子，尤其是佣人和家庭教師。佛洛伊德也自言對他的大女兒有過伊底帕斯欲望。說眞的，從前的父親的確特別粗暴，他們會毆打小孩，重重地懲罰他們。於是懷恨在心的小孩在反抗父親威權之餘，自己也變得非常暴戾，藉此報復過去所遭受的虐待。

梅蘭妮·克萊曾指出，母親在兒童的幻想中，是兩種形象的重疊，一是哺育下一代的「好媽媽」，一是有虐待狂的「壞媽媽」。對壞媽媽的幻想，可以從女兒的伊底帕斯情結看出，當她開始進入一種和母親敵對的競爭狀態以爭取父親的寵愛時，會擔心遭到母親的報復。白雪公主就是這樣被善妒的後母害死的。

父母對孩子的壞可以從各式各樣的日常情境中表現出來，尤其是透過一些傷人的言語。譬如，小孩考試考得不好，就會聽到諸如「我看你以後一定沒出息」之類的殺傷力十足的話。所謂的壞父母，還包括那些不曉得是太累還是太沒有指望，竟然會跟小孩說：「我去死了算了，這樣你就好過了是吧。」或「我死了你會一輩子良心不安。」

現實生活中壞爸媽的例子俯拾即是。從事書店業的莫妮卡（四十歲），對我們說起長久以來一直對她很壞的母親：

我媽那個人可以同時很迷人又很變態，她會傾聽你的心聲，然後將你玩弄於股掌之間……可是就像所有的小孩那樣，我瘋狂地愛著母親。我相信我把她的話全聽進去了，連不該聽的也照單全收。我一直不敢反抗。首先是我的外表。我生來就比較黑，比較豐滿，照她的說法是「太肥」、太有野心……現在回頭想想，我想是因爲我的個性讓她感到害怕，所以她會想盡辦法打擊我。

那些人身攻擊的話不算的話，她對我開的第一砲是跟我的學業有關。我本來想當法文老師。在學校裡我是個好學生，乖孩子，守紀律，從小就懂得不要出鋒頭。唸完國中之後，我想上高中唸文組，可是門都沒有！我媽媽自己沒受過高等教育，所以我也沒有必要唸什麼書。俗話說的「天都塌下來了」，用來形容我當時的心情眞的太貼切不過了。我爸爸那個時候病得很厲害，也沒有力氣管我們。後來因爲機緣，再加上一個對這行很熟的朋友的引介，我開始接觸書店的工作。

她的第二砲針對的是我先生。我十八歲那年認識我先生，很快就墜入愛河，覺得——我今天終於可以很確切地說出那種感覺——找到了自己的另一半。他安靜、保守、善於觀察又很能分析。這讓我媽覺得有點害怕。突然之間，這個人變得「太高」（她就是這麼說的）、「太帥」、「太封閉」。她預言他不但很快就會有外遇——她跟我說：「妳也不看看自己配不配得上人家。」——還保證我婚後一定會覺得很無聊。我心裡存疑，但什麼也沒說。八個月之後，我們就同居了。我媽失去對我的控制權，從此處處找我先生的麻煩……。

最後她把砲口對準我的小孩。我二十一歲那年生第一胎，帶給我無比的喜悅，我感受到一股簡直是太強烈的天性母愛。奧利佛是我的驕傲，我最大的成就，我這輩子的第二個愛。可是在她看來，我就是一個不稱職的母親。我也沒怎麼回嘴。等到我的老二出生時，我就爆發了。我家老二眞的很乖，一下子就融入我們的生活。他讓我覺得很心安，覺得自己是個好媽媽……我的第三個愛。

我終於不行了，開始找心理醫生談，我想知道爲什麼像我這樣一個醜八怪，會這麼裡外都不是，會變得啥都不明白，只曉得自己非常不正常。我很虛心地想找出路，好幾年下來（因爲二、三十年來打下的心結沒有辦法在兩個禮拜之內解開），這中間我偶爾會求助於人，也去上了一年的心理學課程，看了很多書，終於在邁入四十歲之際，開始覺得可以跟我的自我和平相處。我終於膽敢認爲自己是一個不錯的人。

我媽的分析是：我曾經深愛那個我生下來的小女孩，只是我受不了妳後來變成的那個女人……。

壞父母會把自己的小孩惡魔化，爲了一點小事打孩子甚至羞辱孩子。他會說這孩子是那種寧死不屈型的，對這樣的小孩「我們拿他一點辦法也沒有」。大家都聽過，或者認識那種自以爲很懂教育的父母，他們會一直往孩子的心裡挖呀挖，非把他們口中那些「陰影」或缺點都挖出來才甘心。大家也知道有些父母只會嫌棄，甚至排斥自己的小孩，好像不是自己親生的。

夫妻之間當然也可能彼此「交相壞」。今天家庭暴力已經成爲很嚴重的社會問題；在法國，每六個婦女就有一個是家暴的受害人。暴力不僅是身體上的，還包括心理上的。曾經研究這個敏感問題的伊里戈揚（Marie-France Hirigoyen）爲我們描繪出家暴的逐漸形成經過。一剛開始是引誘階段；男性總是站在前面，女性以他爲豪。女性之所以會掉進這個模式中，主要是因爲她們長久以來對白馬王子的幻想。接下來是細微的言語暴力；「妳看妳那個臉！」不爽，不說話（無緣無故賭氣），聳肩，不屑的表情……於是女性便在不知不覺中失去了自信，產生罪惡感。如此這般的脆弱化、洗腦過程，可以持續好幾年。有些人很快就會開始拳打腳踢，有些則永遠不會動妳一根寒毛。

夫妻吵架是件很有趣的事。這是一個表達壞意的大好時機。當夫妻吵架成爲一再重演的儀式行爲之後，就會釋放出某種「爲吵而吵」的「慣性壞」。其實夫妻吵架的目的不就在讓對方不好過嗎？倒是夫妻兩造輪流扮演受害人和劊子手的角色，這種情形並非少見。夫妻吵架的手法花樣百出，透過言語、行動，甚至透過沉默，靈感可謂源源不絕，端看誰比較倨傲，誰的氣焰比較高，總歸就是逞兇鬥狠。長久下來，本來的小心眼也會匯聚成不折不扣的壞心眼，一旦有了無論如何也要壓倒對方的想法時，這種壞心眼就隨時隨地可能變成家暴。人到了這種地步，便口無遮攔，百無禁忌，完全失去了自制能力，一心就只想傷害對方，讓對方毫無救藥地感到無地自容，夫妻吵架至此，可謂已登峰造極。之後，兩人重新找話說，「床頭吵床尾和」，大家作息恢復正常，直到爆發下一次的爭執……。

夫妻吵架的理由很多，外遇、在教養孩子、財務處理或是未來的計畫有嚴重的歧見……但是最微不足道的細節也可能導致衝突，譬如怎麼收拾屋子、如何宴客或去哪裡度假。安吉爾曾寫過一篇專門討論這個問題的文章，文中列舉了夫妻吵架時最常拿來指責對方的說法：

你很少在家；

需要你的時候永遠找不到人；

跟你在一起，人生沒有意義；

你不願意讓我靠，或相反地，你太黏人；

你不了解我，不懂得體貼；你從來不跟我說心事，你從來不問我有什麼心事；

你我的世界太不一樣；你又忘了我們的節日或我的生日；

你不再保護我不受外界或他人的欺負(73)。

當然，彼此的品味和個性差距太大時，也可能演變成最容易在夫妻吵架時拿來傷害對方的點。

接下來我們要討論的是學校。即使到了今天，學校裡還是有些碩果僅存的「極惡兇師」。毋須諱言，這種老師在過去可謂有如過江之鯽，只是從前的人會寧可認爲他們不過是比較「嚴格」而已。依我之見，他們的行爲其實比嚴格還要嚴重很多，他們體罰學生，或徒手或使用各式各樣的工具，他們還會狠狠地羞辱學生，甚至口出穢言。我在成長的過程中，就碰過這樣的「壞老師」。其中有一個讓我印象特別深刻，那是我國四時的數學老師。我在另外一本書(74)中曾經提到他，年紀輕輕，又高又乾又瘦，頭髮亂七八糟。他那種不苟言笑的樣子，令人望而生畏。這人的脾氣異常暴躁，連數學好的都怕他，更別說我們這些數學差的，每次都被他整得慘兮兮。

老師壞，學生也不遑多讓，但教育部的人比較喜歡用「非好學生」來稱呼這些人。所謂的壞學生，首先是「成績不好」，不然就是「缺乏紀律」、「有暴力傾向」，總而言之，就是「行爲不當」。教育當局不曉得，或假裝不曉得有「壞學生」存在。照教育部的這種邏輯，「善學生」也沒有存在的空間。「好學生」倒是有，那些成績好，守秩序，不調皮搗蛋，不打架的都算。

接下來我們來討論公司企業和壞老闆——讀者諸君可自行判斷兩者是否爲同義詞！換句話說，世上存在著善心的老闆嗎？有些人的自我感覺特別良好，會自認爲是，其中幾個甚至覺得他們做的是「公民與道德」的事業。他們可以手按著胸口，發誓自己絕對對員工的利益念茲在茲，因爲他們有的是「社福精神」；當然，一旦要開始很不社福地裁員時，這種精神就會發生位移。

平心而論，老闆是用來幹什麼的？他的眞正目的是什麼？獲利，這是毫無疑問的，只是利益可以從很多角度解讀；賺大錢是利，但剝削那些幫他賺大錢的人也是利。各位想想，如果有個人想賺錢，而且是賺大錢，他有可能爲了在市場上得到好評而去做很多好事嗎？一個只肯付出微薄薪資，不需要你時就一腳踢開，或要人家做牛做馬似地操，這種老闆心地會好到哪裡去？一個利用其主管職位，在身體或精神上騷擾下屬的人，可能是好人嗎？儘管今天的法律明文禁止並懲罰此類的騷擾行爲，但眞正會爲此跑去法院按鈴申告的又有幾何？

有沒有壞員工呢？對老闆來說，答案當然是肯定的。在他的眼中，壞員工就是那些沒有「企業文化」，只會想到自己，一有什麼不滿就罷工，或是那些貪得無饜，要求加薪的雇員；至於那些只會跟老闆唱反調的工運人士，更是壞得不得了。

任何體制內都有可能隱藏著惡行。以軍隊爲例，這幾年來針對女兵的精神騷擾行爲有增加的趨勢。不過部隊裡還是一片噤若寒蟬，所以情況有多嚴重，外界也無從得知。只有少數飽受「同袍」調戲或凌辱的女孩膽敢打破沉默的鐵律。大部分的案例都是在內部就被「和諧」掉了，受害人也接受勸導不提出申訴，自知可能因此被斷定「不適合軍隊生活」而丟飯碗，而那些加害人頂多遭到調職以杜眾口。不過如今狀況似有燎原之勢，究其緣由，不過是兩個算術式的道理，一是女兵數目年年增加，一九九六年她們在法國軍隊中的比例只有百分之五強，今日則已攀升至百分之十三；二是模仿效應讓申訴案件明顯增加，事實上，只要有人提出申訴，軍事法庭上的同類案件便馬上激增。追究起來，這些精神騷擾和性騷擾的行爲或可用周遭環境的性質來解釋，而軍隊正是一向非常沙文、男性化的所在。不過目前到一般民事法庭提出控告的例子還是比較罕見。

愈是高級的哺乳動物，其侵略或兇惡行爲的成因就愈複雜，因爲這裡涉及的是一種特別微妙的，大腦機制和社會環境如何互相影響的現象。壞人壞事的發軔，極可能是混雜了多項內、外在條件，並攙和了當下以及過去記憶中的元素的結果。另外，成長環境、教育、動機、個人潛能和某種程度的決定基因，這些盤根錯節的因素也都必須列入考慮。當然，更不可漏掉以下的三項重要變數：支撐凶惡行爲的神經系統、個人因素（社會背景和成長史）與犯行時所處的人生階段。我們會發現某些人因爲遭逢變故，或屢受挫折，逐漸地就變成了一個壞人，既非出於自願亦無法完全勝任這樣的角色。就像路易．馬盧（Louis Malle）的電影《賣國賊》（*Lacombe Lucien*）中的那個二次大戰中德軍佔領期間的失落少年，在偶然的情況下嘗到了權力的滋味，於是成了維琪政權鎮壓反抗運動的保安隊走狗，做出一件又一件的惡行，甚至連自己的親人也不放過。

誠如羅倫茲所言，我們很難就某個特定行爲去分析其中本能性的欲望（天賦性）佔多少，透過道德良知的文化潛移又佔多少——當然，更困難的仍是對行爲本身的預知。儘管如此，重點應該還是在指出個人生命歷程中每個階段的壞法，或各個時代不同的壞人形貌。即使我們無法切確地勾勒出壞人的心理機制，我們依然可以試著找出他們作壞最直接的——也許也是最基本的——理由。

第

章

壞人衆生相

壞人沒有一定要害誰；
每個人都可能成爲他的攻擊對象，
他的目標是隨機的。

行徑與辯白

我很確定她是一個壞人！

夏堤列茲《我的嬸婆》

大家都知道，壞事之前並非人人平等，有些天生就是比較壞。下面就讓我們來探討這個問題。

難以去除的偏見：男人、矮人、黑人、窮人、老人通常都是壞人

除了尼采及少數持相反意見的人之外，一般人咸認爲男人比女人壞。而這種刻板印象之所以會形成，大抵由於向來殺戮和戰爭諸事皆歸男性負責，而女性則因生養下一代的關係，多半具有仁慈和和平的特質。一九三六年時有個名喚沃倫諾夫（Voronoff）

的醫生曾寫道：「女性最美好的特質是溫柔和慈愛，她們身上絕對不會出現殘酷的行爲。」眞是無稽之談！女人的壞較之男性絕對毫不遜色，只不過壞法和男性有所不同，比較陰毒，難以捉摸；下毒的女人在某些犯罪小說中是常見的題材。

有人把矛頭指向個子小的人說：「不對！這些人才是壞蛋。」一點都不高大的拿破崙不就曾經讓整個歐洲烽火連天，血流成河，只爲了滿足他個人的野心嗎？問題是個頭不高的善心人士也比比皆是——譬如常在電影裡演好人的湯姆・克魯斯和布萊德・彼特（老一輩的人則會說是亞蘭・萊德（Alan Ladd））。「不對，不對，」有人接著抗議道。「黑人才壞。」不然那些舞廳或是中大型購物中心爲什麼都喜歡找一些黑皮膚的彪形大漢看門或當保全？

別忘了這群「壞的嫌疑犯」中，尚有窮光蛋之輩混跡其間。好幾個世紀以來，窮人的聲名一直沒好過。這些被我們稱之爲「叫化」或「無賴」的傢伙，除了行爲不檢之外還能幹嘛？再說，這些人有時候還會做壞事——這點絲毫不出我們所料——存心偷雞摸狗，甚至觸犯法律。於是公權力就會對這些擾亂社會秩序，妨礙老百姓安寧的不良分子進行毫不留情的鎭壓。窮人，無論是像史柯拉描述的「恐怖、骯髒又惡劣」，或《查理週刊》（*Charlie hebdo*）所謂的「又蠢又壞」，總之絕對不會好到哪裡去。雨果更是加強了我們的這項體認。大家都還記得他在《悲慘世界》裡是怎麼描寫德納第夫婦和他們的狐群狗黨吧！布萊希特的《四便士歌劇》（Brecht, *L'Opera de quat'sous*）中也講了不少倫敦貧民窟裡的男盜女娼。距離我們的時代比較近的，還有史柯拉電影中那些從義大利南部的普利亞或西西里島一路來到羅馬的貧民窟落腳的無業遊民，讓人對社會底層眾生的德性實在不敢恭維。貧困一定會導致壞品惡行嗎？猶記得史柯拉這部片子剛推出的時候，影評人的態度相當保留，紛紛質疑一個左派導演怎麼可能用那麼嚴厲的眼光把普羅大眾拍成這個樣子？

另有些比較「次級的」代罪羔羊，譬如老人。一般對他們的看法不外「脾氣不好」、「愛碎碎念」、「兇巴巴的」……我們除了馬上會聯想到《我的孀婆》裡面那個老太太丹妮爾，日常生活中不都也會碰到幾個上了年紀的人，因爲百無聊賴，整天嫌東嫌西，嘴巴裡永遠沒一句好話嗎？歐瑟納曾經這麼寫過老婦人：

再也沒有比這些動物更虛情假意的了。如果我們的爸媽在一旁看著，她們對我們小孩就會跟蜜糖似的，又摟又抱，「ㄚㄜ—ㄚㄜ」個不停。一旦爸媽轉過身去，她們就會要我們爲我們的青春付出代價：張著巫婆般的乾枯手爪捏我們，拿勾毛線的勾針刺我們，更過分的是還會死纏爛打地一定要親我們，就爲了懲罰我們有著聞起來非常好聞的細皮嫩肉(75)。

然而我們還是要再次強調，壞人的認定是相對而且主觀的；對巴勒斯坦人來說，以色列人全是壞蛋，反之亦然；試想，喬治·布希眼中的惡魔化身賓拉登，他手下那些恐怖分子會怎麼看？而身爲伊斯蘭教徒口中「可怕的異教徒」的美國人又會怎麼說？

至於前述這些先驗性的壞人，常常會成爲被訕笑的對象。猶太人和黑人算是兩個最大的受害族群。前者之所以壞乃因爲他們向來貪財，後者則被認爲尚未開化（所以是無血無淚的「野蠻人」）。

不同典型的壞人

儘管沒有絕對的、天生的壞人，但卻存在著一些很嚴重的反常狀態；處在這樣狀態下的個體（譬如生病的小孩）因爲對自己的所做所爲毫無意識，所以他的暴力行爲便不能被視爲壞。

壞的理由有百千種，壞人的種類或行爲更是層出不窮。我們甚至可以說，壞人比好人好當，因爲每個人都會想要佔上風，而這通常是受到那種作惡傾向的驅使。下面就讓我們將這些壞人一一分類。必須先言明，一切分類皆人爲，且無什道理可言，所以我們的分類亦不例外，一定會有漏失、不完全，有待改進之處仍多。首先，我們必須將那些「無心的」壞人擺一邊，因爲根據我們的假設，他們不算眞正的壞人。大家都知道，精神變態患者（如果他們無法滿足自己的衝動）、精神官能症患者、酒精中毒者、毒癮者（如果無法及時補充所需劑量），都可能變得暴力而具侵略性，有時急性發作起來，甚至會像五鬼附身似的，逢人便砍，見物就摔。還有一種是性慾倒錯患者，這些人做壞事亦是「身不由己」，算不上壞人。有些重大刑犯，會像德國導演費里茲·朗（Fritz Lang）的《M》一片中那個連續殺人兇手那樣，在法庭上向法官辯稱他們除了這麼做之外，別無他法。至於某些憂鬱症患者，有時候也會像自虐狂一樣，做出傷害自己的行爲。然而我們還是要再一次提醒大家，這些無心的壞人不是眞壞人，他們並不曉得自己在做什麼；他們的瘋狂和犯罪傾向是一種病態，需要接受治療。

再針對那些從自殘行爲一直到變態自虐狂，以「傷害自己」爲樂的壞人補充一句。一個人手臂上多出來的那根針筒，也許可以讓他因此而獲致某種極度快感，但無疑地也是一種作惡害己的方式。這些「自壞者」（automéchants）會毫不猶豫地凌遲他們的身體，甚至對自己的私處用刑。自虐狂患者因爲無法控制生活中的某種焦慮，竟轉而自戕。一些青少年當眾表演自殘行爲，甚至還搬上舞台的「蠢蛋(譯注二)」現象，就是一個活生生的例證，諸君或可參考本書作者的前一本著作(76)，其中對此即有深入探討。運動員爲了打破紀錄，也會傾向把他的身體改造成「得獎機器」，大家都知道如今的體育界中使用禁藥的情況有多嚴重。不過這種自戕式的壞，唯有在主體有充分意識和自由選擇的情況下才算壞。

「我有時候壞」：偶發性壞人

在一時情緒激動下做出的偶發性的壞，基本上應該不像那種有預謀、算計過而且一再重覆的壞來得嚴重。偶發性的壞乃一時衝動讓人頓失理智，不過這些表現應該都是暫時性的。偶發性壞人平日也許都是「好好先生」，然而在某種特殊情況下，由於強烈的情緒——通常是怒火攻心——或有意或無心地變成了一個眞正的壞人。在大巴黎地區就讀高一的皮耶·安德烈跟我們說，這種壞只會持續「一下下」，「上個禮拜我認識的一個女生跟一個同學說她不喜歡我。她說這話的時候，其實蠻壞的。」

當偶發性壞的促生情境（或曰時機）消失後，暫時失控的個人還是會恢復其平日的性格。在這種情況下，壞不過像一種令人不悅的題外話。當然，如果這個題外話一提再提，就不再是偶一爲之的行爲了。問題是，壞這種東西很容易讓人上癮，而且還樂在其中——這就是爲什麼它那難戒掉的原因。

人在遭遇重大打擊之後也有可能去做壞事，譬如後面我們會提到的一個殺人犯的故事。

「又蠢又壞」：因爲愚笨、昏庸、恐懼而做壞事？

「又蠢又壞」是一個大家都耳熟能詳的片語。狄德羅（編注二）曾說壞最常與之結盟的

譯注一：jackass，原是二〇〇二～二〇〇六年間在美國MTV播出的一個眞人實境秀，以各種危險、荒謬和自殘的行徑作爲賣點搞笑。

編注二：Diderot，一七一三～一七八四年，法國作家、哲學家，爲啓蒙時代重要著作《法國百科全書》的主編。

是愚蠢，而非智慧。左拉也寫過這樣一句來描述路易・拿破崙（編注一）政變中的那些要角的嘴臉：「猥瑣的殘酷在愚蠢中閃閃發光。」所以人可能因爲愚昧或缺乏思考能力、無知而去做壞事嗎？甚至沒有理由，「不爲什麼」，就只爲了要看會有什麼後果嗎？

人類行爲的動機，有時就只單純爲了滿足某種遊戲的需要；然而遊戲不見得總是溫和平和，它可能有著毀滅的性格；壞遊戲也是有的，譬如孩子在課後玩的「圍巾遊戲（譯注二）」。

更有甚者，有些人似乎以傷害他人爲職志；這些人自稱做壞讓他們感到愉悅，讓他們有一種被解放的快感；用佛洛伊德的話來說，即其透過攻擊衝動的表達，似乎可以獲致某種紓解。例子的話，不妨參考左拉在《盧貢家族的發跡》中所描述的小女孩蜜桃；小說一開始，蜜桃就被一群憤怒的民眾堵住，罵她是殺人犯和小偷的女兒。她父親因爲之前在出獄的時候開槍打死了一名憲警，正在苦役監獄裡服刑。不過蜜桃對於人家叫她父親小偷這點感到憤恨不平：「大家也知道她的反應，所以更勤於把這樣的控訴往她身上扔，是基於一種愚昧的壞心(77)。」小說中的安東・馬卡因爲極度憤世嫉俗，結果變得「蠢壞無比」；因爲對盧貢家人懷恨在心，尤其是他同母異父的哥哥皮耶，致使他最後成了一個「殘酷的共和黨人」。

我們也可能因爲對人的恐懼而變壞。這種情形就像某個國中女生所說的：「壞成了一面盾牌……是他們唯一能夠表達的情感。」這其中可能涉及了某種「認同障礙」。沙特不是說壞人需要看到別人受苦來肯定自己的存在嗎？

「都是爲了你好！」：利他式壞人

有人壞是爲了對方好——至少他們是這麼認爲的。譬如，大人打小孩，是爲了孩子將來不要學壞；他們覺得要對下一代「嚴格」才能「冶煉」其性格。對他們來說，這幾乎已成了某種道德責任、日行一善，因而深信自己的行爲絕對是出於好意。最擅長這種利他式壞人演出的就是全天下的父母了。他們奉行「打是情、罵是愛」的信條，毫不吝

編注一：Louis-Napoléon，一八〇八～一八七三年，第二法蘭西共和國總統（一八五〇～一八五二年）、法國皇帝（一八五二～一八七〇年）。積極鼓勵經濟擴張和巴黎現代化。

譯注二：流行於法國中小學校園的危險遊戲。把圍巾綁在脖子上勒緊，可以自己綁也可以好幾個人幫一個人綁，目的在追求刺激。已經造成多起嚴重後遺症，甚至死亡事件。

嗇地對自己的骨肉打罵，常常他們小時候也是這樣經歷過來的。利他式（或責任型）壞人還會等著對方心生感激，總說什麼「你以後就知道要感激我」、「吃得苦中苦方爲人上人」……問題是受害人從來就沒有被說服過；大部分的小孩還是比較喜歡不要挨打挨罵。心理學家也告訴我們，事實上這種利他式壞人作惡的目的就只在滿足一己的施虐需要。難怪這種人的壞，一反其所自言的，對受害人幾乎（或完全）沒有任何助益……尤其當對方尚未成年，對他壞有可能會讓他也去壞別人，總之就是變得很不友善……。

「跟我無關！」：消極式壞人

路見不平，行有餘力卻不拔刀相助，這樣也算壞人嗎？如果我們把侵犯他人的某某看成是在對整個社會下戰書，那麼答案應該是肯定的。那些面對壞事卻噤若寒蟬，亦不加以阻撓者，其罪過和做壞事的壞人一樣大。

大部分的人不願見義勇爲，或見遇害而不救，理由有好幾種：不是不想樹敵，遭到孤立（特別是那些本來很受歡迎的人），就是害怕自己成爲壞人的下一個目標。倒是我們有可能爲了讓某個小圈圈接納自己，而非常積極地幹壞事，因而成爲壞人的同路人。

「爲了預防起見」：預防式壞人

有時候我們爲了保護自己，防患於未然，於是在恐懼心理的促使下先下手爲強，自己先開始當起壞人來。這種壞是爲了讓對方失去對我們的殺傷力，預防可能遭到的損失。

譬如，有個妻子得知丈夫打算離開她與更年輕的新歡在一起；她忍無可忍，便到處散播那個外遇女人的不實謠言。當然，儘管這個類型的壞人理由很充分，但他們的惡行並不因此而更正當；即使他們只在未雨綢繆的範圍內採取必要措施，即使他們試著不要反擊得太過火，他們做的還是壞事。

「這些不過是畜牲罷了！」：虐待動物的壞人

前面我們曾提過這一類型的壞，尤其是《狼人》裡面那個小孩，竟能從虐待小動物中獲得某種病態的快感。除了我們已經講過的幾個例子，這裡還有一種，就是把毛毛蟲切塊。

小學生和國中生都是這種惡行的箇中高手，對他們而言這不如說是一種遊戲。大家還記得《簡愛》裡面瑞德太太的兒子約翰．瑞德嗎？才十四歲，就會扭斷鴿子脖子、弄死蝴蝶，還把自己的狗扔進驚恐的羊群裡。別忘了我們前面說過，七歲以後的小孩已經知道自己在幹什麼，所以是會作惡的。而這個約翰的作惡方式又與眾不同；拔掉蒼蠅的翅膀，更厲害的是只拔一邊，看接下來那蒼蠅該怎麼辦；接著又用杯子倒扣住這些小蟲，令其窒息。前不久我自己就見識過一個壞小孩，這裡姑且稱之爲多瑪，今年十四歲，也不是問題兒童。話說這多瑪怎麼虐待小動物呢？他竟然活生生把人家送他的一隻小白老鼠的肚子剖開來。這種事情，我們小時候也幹過，不過我們那時開的是青蛙的肚子，而且是在課堂上，並且是等那青蛙死了好一陣子之後。然後老師會對我們說，接下來我們要練習的稱爲解剖，而我們解剖動物有著自然科學上的正當理由。

另外值得一提的是僞善。雨果認爲僞善者是「十足的壞人」，因爲他的力量來自於兩個極端的邪惡：「一邊是教士，另一邊是妓女。他這種惡魔的性別是雙性的。僞善者是可怕的罪惡的兩性人。他自體授精(78)。」

「超級壞人」：撒旦及各式各樣的罪犯

若論極兇至惡者，人莫不以魔鬼為甚。各地人們都有對魔鬼的不同稱呼——其中又以路西法（Lucifer）、別西卜（Belzébuth）最為著稱——可見魔道之無孔不入，無處不往。魔鬼的特徵非常容易辨認，他有著醜陋的容貌，頭上長著恐怖的尖角……所幸的是，魔鬼並不存在！大家都知道這是大人捏造出來嚇小孩的。不過似乎全部的壞都體現在這樣一個角色上，他不但到處害人，還會唆使那些跟他一樣心懷不軌的人做壞事。所以我們說撒旦同時也是勾引者、操縱者、告密者、詭計多端而且專門扯謊。撒旦是那種不達目的絕不甘休的壞蛋，所以對他而言沒有什麼「不該」的手段。

在「超級壞人」排行榜中絕對佔有一席之地的，還有這位名喚富蘭克斯坦（Victor Frankenstein）的瘋狂學者，他之所以造出科學怪人，竟是為了奴役之、宰制之，這份無邊無際的野心讓他成為不折不扣的大壞蛋。吸血鬼德考拉（Dracula）伯爵當然也是壞人。還有一班為所欲為的暴君，如放火燒了羅馬城的尼祿（Néron），或妻、兒、姪、岳父、妻舅等皆命喪其手的君士坦丁（Constantin）大帝，或鐵蹄入侵巴拉第納(譯注)的

譯注：Palatinat，即德國歷史上的普法爾茨（Pfalz）選侯國，領地範圍約相當於今天德國西南部的萊茵—普法爾茨州。

路易十四，或對拿破崙進行慢性暗殺的喬治攝政王（譯注一），或對波蘭進行殘酷鎮壓的沙皇尼古拉一世。當然，我們也必須將那些重大刑犯算進去，像銀幕上的漢尼拔．萊克特（譯注二）和現實生活中的朗德輝（譯注三）以及開膛手傑克（譯注四）。「超級壞人」當然也包括一群比較普通的罪犯，但他們的所做所爲同樣令人髮指；那些對納粹忠心耿耿的基層公務員，或集中營裡蠻橫地鞭笞猶太人，「打在鼻子上、脖子上，就是要給你罪受」——列維如是回憶道——的蓋世太保。

前面我們說過，一個人如果身心遭到太大的痛苦可能會去殺人。最近有一條很轟動的社會新聞：五十五歲的水泥廠工人馬洽．巴利（Martial Bally）患有糖尿病，每星期必須洗腎三次，並且已是癌症末期。五年來他長期休病假在家，對周遭一切變得很不滿。馬洽認爲自己的病情之所以惡化，之所以得癌症，都要歸咎於前不久的換腎手術失敗，所以他會落得今天這般田地都是醫生害的。他也懷疑家人希望他早點死，好繼承遺產。自從病情開始惡化以來，馬洽與家人的齟齬變得更頻繁。到了二〇〇五年一月的某個晚上，馬洽終於決定和全家人同歸於盡，先後開槍擊斃妻子、岳母和兒子，他的兒媳和兩個孫子則在千鈞一髮中逃過一劫。馬洽是個大壞蛋嗎？很難說。傷害意圖肯定是有的。儘管他的瘋狂狀態不能將犯罪事實一筆勾銷，卻能證明他的行爲並非出於自願。

因此我們可以說，馬洽不算眞正的壞人。

「我不知道自己爲什麼會那麼壞」：不快樂的壞人

這裡我們想起了柏拉圖的觀點，壞者必然不幸。這種類型的壞人——我們在年輕一輩身上常看到他們的影子——都有個通常是外表上的困擾，都有過一些悲慘的遭遇。於是這個處於尷尬期的不幸者，就會開始把氣出在別人身上。此一類型的壞人對自己缺乏信心，甚至有自卑情結，難以在社會上和人建立關係。

強烈的憤恨不平，覺得前途茫茫，或是單純的心情不好，都有可能讓人做壞事，一個十六歲的男孩這麼說道：「壞人都有一種酸葡萄心理，覺得這個世界讓他們倒胃

譯注一：Régent George，即後來的英王喬治四世。

譯注二：Hannibal Lecter，電影《沉默的羔羊》中的食人魔。

譯注三：Landru，二十世紀初法國一名專門找獨身婦女下手謀財害命的重大刑犯，綽號「岡貝鎮的藍鬍子」。

譯注四：Jack l'éventreur，十九世紀末在倫敦以殘酷手法連續殺害妓女的兇手代稱。

口……譬如，嘲笑別人，其實是一種自我安慰的手段，讓人相信還有人比自己更弱小。」男孩接著提起了波特萊爾在〈差勁的賣玻璃小販〉（Le mauvais vitrier）一詩中講到某日曾喊一個賣玻璃的小販上樓，然後把人家數落了一頓，因爲小販沒有那種可以讓他對生命產生全新看法的有色玻璃。當小販又回到街上時，樓上的詩人竟然拿起一個花盆往下扔，將他那些脆弱的貨物全砸個粉碎。波特萊爾此時寫道，他那天很不順利，一早起來就不痛快，所以需要看到有人比他更慘來讓自己覺得好過些。不快樂的壞人總覺得被壓迫、虧待。

其實這種壞人做壞事也不會快樂起來，不過，除此之外他也不曉得該怎麼辦。看到別人難過，他自己的痛苦就好像找到了出口，當壞人對他來說已經成了一種需要，賈克琳（十歲半）就有這樣的體認：「會做壞事的人，常常是因爲他們很不快樂。他們想要把心裡的悲傷發洩出來。」她的同學阿曼婷（十一歲）則在一旁補充道：「做壞事會讓人不快樂，不高興，不舒服。」唸高中的香達兒的結論是：

壞有可能是一種治療舊創、重傷或彌補缺憾的方式。壞人會把自己因恐懼、孤獨或嫉妒而產生的各種情緒轉嫁到別人身上。也許壞人不過是一種受挫或不快樂的好人。

不快樂壞人所做的壞事，常常就像一種承認自己對某個處境束手無策的告白，而這是他保護自己的手段。譬如，有個老師沒辦法讓學生安靜聽講，就老給他們考試或派很多作業。這樣的壞人其實頭一個害到的是自己；如果他有其他的辦法，也許就不當壞人了。柏拉圖說這樣的壞人會心甘情願地接受懲罰，不罰反而會令他更難受。他甚至會對自己的行爲感到後悔。一直活在皮耶．盧貢陰影下的馬卡，「一想起自己做過的那些無益的惡事(79)」就很自責，懊悔不曾好好地和家人相處。但是這裡亦須切忌倒因爲果；一個壞人可以有「好的」理由去做壞事，但他並不會因此而比較不壞，只要他的目的仍在讓他人痛苦——一個行爲的惡質永遠不會因爲出發點的正當性而消失。

還有其他類型的壞人嗎？當然了，譬如因爲嫉妒而做壞事的壞人，這種人一見別人的境遇（成就、薪水、職位等方面）比自己好，就會覺得不公平——更何況這種不公有時是於法不合的。接著還有一種存在於兩個對立群體——如女性對男性，年輕人對年長人，甚至黑人對白人，殘障者對「好手好腳」的人——之間的「鬥爭式的壞」。我們還漏掉那種因爲想要顯得出眾而壞的人，他們最常尋思的就是如何「一言命中」，像尼采說的，「壞人看起來比較有靈性」……。

壞人的幾項共同特徵

下面這些特徵似乎是所有的壞人都有的：

- 壞人不知公平爲何物；他不願分享；用西塞羅舉的例子來說，他就像一個分贓不公的海盜首領，換言之，就是個自私自利的人。
- 壞人是煽動家（青少年會說「走大眾路線」）；他看起來好像很關心別人的樣子，但事實上他只追求自己的利益。
- 壞人會挑撥離間。
- 壞人喜歡支配他人。
- 壞人對他人的痛苦沒有同理心；更有甚者，他會想辦法讓他人痛苦。
- 壞人喜歡壞事。
- 壞人不會有罪惡感，因爲他已無善惡的觀念。

壞人沒有一定要害誰；每個人都可能成爲他的攻擊對象，他的目標是隨機的。

走筆至此，應該要再度提醒大家，是否企圖爲惡在判定壞與不壞時非常重要。蓄意和對動機的完全意識是壞人形成的最重要元素。所以無意識的壞人不應列入我們的考慮範圍，就像香達兒說的：「我怎能確知此時某地正有某人因爲我的言語或行爲而感到痛苦，即使我從來不覺得自己傷害了對方。」

不！最後再說一次，壞的前提就是意圖——不管是在什麼樣的情況下。

第5章

壞事怎麼做？

恨可以讓人做出很多壞事，
嫉妒心也是很多壞事情的濫觴，
恐懼亦能引起惡端，
病痛也會讓人去做壞事。

因果和藉口

每個人的內心或多或少都有點壞。

喬安娜（十五歲），高中生

基本上，壞的起因源於與他人發生了象徵上或實際上的衝突。壞顯示了某種人際關係的敗壞，但亦有可能涉及自我關係——此即前文曾經提到的對自己的壞。人會去壞別人，也許是一種沉重的、因個體矛盾所引發的社會辯證機制的效應。這就是爲什麼我們只可能在與自我或他人（某個特定的對象，近親或陌生人）的關係中作惡，而不可能普遍性地壞，所以說壞是有目標的。至於那針對自我的壞，許是如萊布尼茲（編注）所言，乃起因於吾人對官能的濫用。

編注：Leibniz，一六四六～一七一六年，德國理性主義哲學家、數學家。

米切利希（Alexander Mitscherlich）認爲每個人都有一種「沒有固定行爲清單的侵略性衝動天賦」，換句話說，就是某種攻擊傾向。除此之外，壞也有可能是長期遭受挫折和苦痛的結果。無法獲得紓解的欲望通常會化爲緊張的情緒，繼而引發各式各樣的兇惡行爲。

我們曉得任何情緒不是主動式就是反應式，所以壞行爲應該也可以區分成兩種：一是針對某種於己之外的情境所做出的反應式壞，像對侵害、恐嚇或可能遭致危險的反擊，譬如失望之餘會做出的事情；另一個是預謀性或主動式的壞，這種壞人常常是爲了作惡而作惡。我們可以同時在尙萬強身上找到這兩種壞；尙萬強在服刑的時候累積出一種對社會的深仇大恨，而這種深仇大恨又讓他做出「兩種壞行爲」，雨果寫道：「……第一種壞行爲是急切的、不假思索的、輕躁的、完全出自本能的，是對他所受的痛苦的反擊；第二種壞行爲是陰沉的、持重的、平心靜氣考慮過的、用他從痛苦中得來的那種錯誤觀念深思熟慮過的(80)。」

主動性壞是一種有計畫的行爲，做這種壞事的人想要得到某種他沒有的東西，或提高他已經擁有卻嫌不夠的份量。他之所以這麼做，有可能是因爲沒有其他的方法可以滿足自己，或者他認爲使壞是最好（或最快）達到目的的手段。這樣的壞透露出某種體力或智力上的缺乏、不足，而主動性壞人做壞事正是爲了彌補這樣的不足。

根據我們大部分的訪談對象，反應式比主動性的壞來得普遍。十五歲的皮耶・安德烈下面的這段話就鑾能道出一般人的心聲：「如果有人在言語或身體上攻擊我們，我們會想要報復，而我們自己也變成了壞人。這種壞的結果就是仇恨、痛苦，甚至還有恐懼。」所以反應式的壞是失望、悲傷、舊恨和新仇的苦果，它會嚴重地損害當事人的人格，以致於令其暫時受到扭曲。仇恨是一種很強的動機，無論是恨別人、恨自己還是恨這個世界，讓我們去迫害、侮辱、傷害、殺害對方。對反應式壞人而言，他的壞不過是以牙還牙，以眼還眼，而之前壞他的，也許是另外一個人，也許是某種令人失望的情況，譬如考試沒通過，或輸掉一場運動競賽，或職場上的不順利。在這樣的壞人眼中，失敗賦予了他作惡的「權利」，而他的惡行應該算是一種正當性防衛。這種人活在憤怒之中，因爲他認定自己受到了傷害，一心想要懲罰那個傷害他的人，讓對方也嚐到和他一樣的痛苦。尼采曾經用借貸，也就是債權人和債務人的合約關係，來比喻這樣的心態，不過我們認爲更貼切的形容是以其人之道還治其人之身——你怎麼對我，我就如何待你。一旦法律或風俗習慣容許這樣的行爲，等於是認同受害人有權可以毫無節制地對他所認定的原始加害人進行報復的惡行。受害人因而被賦予了做壞事的權利，不過正義的原則同時也受到質疑。

大家也都看出來了，反應式的壞會造成一種我們所謂的循環加害：甲被乙壞，所以甲爲了報復去壞丙，丙又去壞丁，如此一直下去。當我們去壞某個「和他一點關係也沒有」（根本沒對我做什麼）的人，得到的快感也最強烈，因爲這種壞顯示出我對這個人可以爲所欲爲。

任何事都可以成爲讓人使壞的理由；好學生考了壞成績因而覺得受辱、失敗（尤其是屢次的）、經濟拮据等等。在刺激反應的情況下，於是某種第二人格逐漸成形，慢慢取代了正常的人格。佛洛伊德曾指出情感衝擊和性創傷會對兒童的性格造成影響；我們都知道，小孩子透過與伊底帕斯情結相關的情感固戀，會對雙親之一或兄弟姊妹等被他視爲「情敵」產生很大的恨意。壞還有可能來自於物質匱乏或一無所成所引起的自卑感……下面的簡述可以讓我們對此一做壞機制是如何啓動的更加一目了然。

1. 刺激　某種令人不悅的情境。
2. 情感　憤怒、嫉妒、恨意、尋求報復。
3. 回應　昇華：另外尋覓意愛的對象。

或自壞：對自己做言語或身體上的攻擊，如自殺。

或壞他：對他人做言語或身體上的攻擊。

刺激會產生情感，繼而引發壞的機制，它可以是一種眞實或假設中的，影響到某特定群體及其信仰價值的威脅。整個社會或其中的一部分人，因此頓時覺得身陷危境。然後，就會有一個公敵被指出來，通常是一個「不一樣」的人——猶太人、阿拉伯人、黑人。這個因爲與衆不同而招致厭恨的公敵，就成了大家回應的目標，或是惡言相向，譬如發出種族偏見和恐外排外的言論，或化爲具體的暴力行爲，從攻擊個人直到種族大屠殺都有可能。

從起始事件到行兇作惡：各種涉入的情感

其串連方式通常都是一樣的：起始事件（例如背叛或外遇）發生後，某種主要情感（像嫉妒）和一些附帶情感（仇恨、憤怒、想要報復）被引發，然後兇惡的行爲就會接踵而至。大家是否注意到，有些人似乎就是會讓我們無法克制、發自肺腑地興起一種想要與他爲壞的本能性虐待狂念頭。一般我們都會把這些人的不受歡迎歸咎於他們的「獐頭鼠目」或「怪里怪氣」——總之，就是找出一些能夠支持我們論點的說法。有時候這種作惡的念頭會慢一點才上來，只因對方一開始並不會不討人喜歡，這時我們就會說他「長得還不錯」、「看起來很和氣」、「連蒼蠅都不忍心傷害」，直到雙方開始發生衝突的那天爲止。總之，就是這種時好時壞、變來變去的言論，讓我們可以在各種情感之間，從褒長到揭短，來去自如。

如果我們會去做壞事，當然就是因爲心中有惡意，這點是無庸置疑的。下面就讓我們針對各項刺激反應，分析其中的心理學、生理學和社會學上的決定因素。會做壞事，一定有個動機，來證明自己壞得有理。譬如，一個小孩因爲人家把他的玩具拿開而大發雷霆，和母親惡言相向；大家都明白孩子爲什麼會這樣反應，即使沒有人贊同他的行爲。更何況在這個例子中，使壞的動機實在不夠具有說服力，與其說是動機還不如稱之爲藉口，所以大人才會更生氣。事實上，我們每次在解釋爲什麼要做壞事的時候，理由聽起來眞的都不太充分，難以令人心服口服。問題是，我們仍毫不鬆懈地一再追問，「你爲什麼要對我這麼壞？」被欺負的小孩不明白地問道。「我又沒有對你怎樣。」孩子這麼問的時候，也許已經多少體會到了壞這種東西的不公義和神祕性。「爲什麼你要取我的性命？」死刑犯亦這麼對劊子手問道。孩子和死刑犯都對自己的遭遇感到迷惘。所以我們在檢查作惡的動機時，不應該只看其心理層面，還要考慮整個周遭環境在壞的表達以及演進方式上可能發生的影響力。心理作用的力量再大，其中還是會充滿各式各樣、偶發性的社會關係。

做壞事的理由可說千奇百怪，很難理出一個頭緒來。壞行爲的產生，是一大群因素同心協力的結果：有人會強調由攻擊本能所構成——不然至少也是其中一部分或潛在部分——的「人性」，以及某種從原始人類一直流傳至今的古老行爲模式，亦即必須不斷鬥爭才能在世上獲得一席之地和支配權；有人則是將有利於令歹念化爲眞實行動的社會、文化和（尤其是）宗教等因素擺在最前頭。誠如米切利希所言：「所有這些觀點，無一不在促使吾人將人類行爲視爲外界刺激與身體刺激兩者間不斷互相調整的結果(81)。」

那麼壞念頭是如何化爲壞行爲的呢？我們前面提到，壞人通常一開始是受到某種本身無法掌控的情況所刺激，因而被啓動了爲惡的心理程序。刺激會先引起初步情感，如仇恨或復仇怒火，甚至大開殺戒或毀滅一切的欲望，於是萌生了做壞事的念頭。強烈的第一波情感接著引發了過渡情感，像是生氣或憤怒，其將轉化爲壞事完成後的達成情感——快感、覺得自己高人一等。壞行爲的內部基礎即由上述情感組合而成，而其一貫的思考主軸乃在令他人臣服——甚至消失。

當然，受到刺激之後會做出什麼樣的反應，因人因時而異。每個人對傷害的敏感度都不一樣。下面這個簡表描述的就是壞人壞事的心理過程。

導致壞行為的情感轉換

初步情感：仇恨、嫉妒、復仇欲望……
過渡情感：憤怒、輕視……
達成情感：高人一等、快感……

恨可以讓人做出很多壞事。《狼人》裡面那個小男孩因爲覺得父親都不注意他，於是「故意做很多壞事讓父親不得不打他或懲罰他，藉此讓父親來滿足他那種被虐狂的性需求，所以他每次發作起來尖叫，不過是爲了勾引對方而已[82]。」

嫉妒心也是很多壞事情的濫觴。佛洛伊德筆下的小男孩就很嫉妒比較聰明、較受父親寵愛的姊姊，後來姊姊過世時，他一點都不會難過。嫉妒、懷疑和害怕妻子不貞，可以說是天下男人的共同苦惱。貝爾基認爲，嫉妒是一種「讓人退避三舍的缺點」，屬於「劣等情感」之一。這種情感一發不可收拾，會讓人生活在水深火熱之中。見不得別人好，這種情感絕非良師益友。就像盧梭說的：

沒有哪個富人的繼承人——通常是他的子女——不貪財，不暗自希望他早日歸天，沒有哪艘在海上出事的船，不曾讓某幾個批發商額手稱慶，沒有哪個債務人不希望看到保存著他所有借據的屋子遭祝融肆虐，沒有哪一國的人民看到鄰國有難而不笑逐顏開。就這樣我們總是能在同類的苦難中看見自己的利益(83)。

此一酸葡萄心態，大家應該都很熟悉。我們通常見不得別人功成名就，會想擁有那些不屬於自己的東西。正因爲那樣幸福和美貌的可望不可及，所以令人嚮往。恐懼亦能引起惡端。有時候，人在極端恐懼的情況下會做出攻擊的行爲，那是因爲他覺得自己無力抵禦周遭的世界。

病痛——如果病人的神智還很清醒的話——也會讓人去做壞事。疾病纏身的人，脾氣可能都不太好。老年人就時常如此，因爲他們的病痛多。所以他們會運用所剩無幾的資源，讓周圍的人都不好過——取消那個通常是最孝順的小孩的繼承權、一天到晚空口無憑地批評某某近親的行爲。

現在我們終於可以對反應式壞的機制做更進一步的解釋：一開始，發生了一種情境，干擾到某個原本相安無事的關係，譬如老公外遇，夫妻因此失和，或失戀，而讓一段我們以爲固若磐石的友誼決裂。於是受害人內心感到一股無法遏制的妒意（起點），繼而因妒而生出憤怒這樣伴隨著懲罰或復仇意念的過渡情感（終點）。過渡情感是一種很強烈的情緒（或苦痛），終至令人做出從只是說話比較大聲直到貨眞價實的「處死」都有可能的壞事。喬安娜（十五歲）對我們說了一個她的痛苦經歷：

這件事發生在不久之前，跟感情還有爭風吃醋有關。我覺得被一個女生傷害了，很想報復。我想像她傷害我那樣傷害她。幸好後來我沒有眞的把她給殺了。我只是去找她談，心想既然她是我的朋友，應該可以了解我。結果眞的是這樣！我們談了很久，她也跟我道了歉，因爲她不曉得自己做出了傷害我的事情。我知道自己從來沒有那麼氣一個人，我也知道只有感情的事會讓我變得那麼兇，而不是在運動場上，因爲在這方面我算是很光明磊落的。

壞的各種形式：嘲笑、謠言、激情、病痛

「某些人僅僅爲了饒舌便不惜刻薄待人，」雨果說道。「他們的會話，客廳裏的促膝談心，候見室裏的蜚短流長都好像是那種耗柴的壁爐，需要許多燃料，那燃料，便是他們四鄰的人(84)。」左拉也補充道：「這些可怕的長舌婦，冷漠無情，尖酸刻薄，無所不知，口無遮攔還到處散佈流言，只爲了要讓人不得好死(85)。」這種傷人的說話方式，在過去「毒舌」猶橫行於小鎮與鄉間的時代，被稱之爲「嚼舌」。時至今日，數以千計的同類型言語仍在自動咖啡販售機前互通有無，全是些「嗆嗆（cancans）」，一些惡意中傷人的壞話。在「八卦」的國度裡，人人相互刺探，以蒐集最多的閒言閒語爲目的。「哈狗（ragot）」這個專指搬嘴弄舌之人的法文字，其可傳達出的精神之狹隘，較諸另一指稱盲信派宗教狂的「比狗聽令（bigoterie）」絕不遜色。爲惡至此，竟可讓人感到幸福；壞人一想到自己如此之壞，樂極而醺醺然。十九世紀的縱情派作家巴貝．多赫維利（Barbey d'Aurevilly），想必就曾討論過這種「魔鬼般的幸福」。這種用舌頭做的壞事，小說家魏樂貝克（Michel Houellebecq）應是當代第一把交椅，此人書一本一本地出，練就出來的毒舌本領可謂已臻爐火純青之境。

散佈謠言是另外一種用說的壞。尙萬強在致富並成為市長之後，對這點深有體會。那是一種定律，雨果寫道：「凡是地位日益增高的人都會遇到的，那便是人心的險狠和謠言的中傷；之後，就只有一些惡意了；再之後，又不過是一些戲弄了；到後來，全都消滅(86)。」在左拉的小說《盧貢家族的發跡》中，安東馬卡因爲嫉妒同母異父的哥哥皮耶，於是到處散佈關於皮耶·盧貢的謠言，說什麼他賣油賺了不少，其實沒有他自稱的那麼窮，又說他藏有一筆寶藏——當然不是眞的。今天，在許多村鎮或小城中，這種惡意中傷的謠言仍非常具有影響力。所以前述雨果的那個將惡意擺在謠言中傷（對黑格爾來說這是不折不扣的謊言）和戲弄之間的分級方式非常有趣。我們在這裡也許還可以幫他加上「八卦」一項；黑格爾認爲，蜚短流長就是發出一些會對他人名聲造成傷害的議論。

嘲弄也算是壞行爲的一種。和捉弄不一樣的是，嘲弄者會想要傷害、動搖對方。我們可以將它視爲一種有惡意的玩笑。嘲弄的殺傷力其實很大，有誰未曾身受其害呢？無論是路人甲乙或大人物。據聞齊克果因爲駝背又老愛穿那種可怕的褲子，走在路上都會遭人嘲弄或出言不遜，小孩也向他扔石頭，學生一見他就偷笑。關於嘲弄的運作方式，笛卡兒曾做過很精采的解釋：

譏諷或嘲弄是一種混合了恨意的樂趣，起因於我們在某人身上看到了一些跟他很搭調的小缺點……那些外表有著嚴重缺陷的人，像跛腳、獨眼龍或駝背，或者曾經當眾被羞辱的人，都特別容易被嘲弄(87)。

小孩子，尤其是青少年，對這種類型的壞尤其敏感，甚至認爲是最嚴重的一種壞。「被嘲笑是很痛苦的。」巴黎的一名國中女生（十一歲）如此認爲，她很討厭哥哥和姊姊「老是聯合起來和她作對」。批評和污辱也是被點名的行爲：「我請過一個朋友到我家，」另外一名女生（十歲半）說道。「結果她就只會批評我，還說我媽媽對她不好。根本沒有的事。」「如果有人侮辱我，」愛美麗（十一歲）補充道。「那就是我覺得最痛苦的時候。」「要我的話，」露西（也是十一歲）如此表示。「我覺得最痛苦的就是當您最要好的朋友也用很難聽的話來罵您、批評您，還叫別人來反對您。」安娜薏絲（十二歲）也聽過這一類的傷人言語：「我自從開始上學以來，老是被人家取笑『哈！肥女來了』。眞的讓我很受傷。」蘿兒（十三歲）對過去被壞的痛苦經驗記憶猶新：「我那些朋友，有天突然完全不理我了。她們還嘲笑我，聯合班上其他同學一起欺負我。我後來才曉得我之所以被排斥，原來只有其中一個女生在帶頭，其他人都是跟著起鬨。」另外一個見證是奧荷莉（十二歲半）提供的：「我上國一的時候，班上有個女生一直很看不起我，常常說話羞辱我。在學校我只能忍住眼淚，可是一回到家，我就會撲到床上大哭，然後跟爸媽訴苦。」傑克（十六歲）也還記得：「國中一年級的時候，我一直是大家的笑柄，因爲我的身高、體重，還有穿著打扮；當時我眞的覺得很痛苦。」嘲弄的工具是笑，羅倫茲就說：「當我們很不公平地去笑一個沒有自衛能力的人，笑就成了一種殺傷力很強的武器(88)。」

損人是青少年特別喜歡的一種行爲模式。此一現象透露出一種幾乎到處可見的人情淡薄。關於這點，現在青少年（筆者由於工作的關係，對這個族群非常熟悉）互動時講究的「惡言惡語」、「惡形惡狀」——肯定比從前嚴重多了——已經到了一種讓我很驚訝的程度，有時候甚至是在比看誰最毒、最酷。以下是羅倫絲（十二歲）的告白：

我當然對自己的朋友壞過。我就有個朋友，有天跟我說她很受不了那個誰誰誰，而對方也跟我說受不了她。我夾在兩邊很爲難說。我自己也會這樣，有次有個女生穿了一件洋裝，就被我笑說很像牧羊犬。

到底是什麼讓人想要毀謗別人呢？妒忌，把一個人毀掉的快感。

如果將壞的概念放大，前面曾經提過的疾病也可以被視爲一種壞的形式，一種對身體的惡。如果患上的是重症、絕症，那更是壞不可言，像癌、痲瘋、霍亂、愛滋、斑疹傷寒等，就是開天闢地以來幾種最可怕的惡疾。面對這些疾病，如果我們又不能拿病人「有犯錯」來解釋他的症狀，這時我們就會怨恨上天怎麼這麼殘酷無情。話又說回來，大氣污染和漫無目的的工程建設，難道不也是人類對大自然所做的壞事嗎？

幾個壞的原因：無聊、怨恨、焦慮、憤怒、仇恨、受到剝奪

外在世界愈是殘暴和擾攘不安，我們就愈容易感到焦慮——機體面對危險時的正常反應——愈可能對別人做出一些能暫時減緩焦慮的壞事。

貧窮主要的意思是塡不飽肚子，而餓著肚子的人很難對自己的行爲做出正確的選擇；譬如，小時候的簡愛就說她無法想像那些窮人要怎麼做善事，還有《悲慘世界》裡面的那個芳婷，在不合理的狀況下失去了工作，從此墜入最全面的一無所有；芳婷開始

盡可能地恨著一切，她知道自己已經成了一個「壞女人」。饑餓會讓受其鉗制的人變得尖酸刻薄；大家都知道壞和攻擊性兩者形影不離，所以窮人不是因爲窮到要造反而變壞人，就是爲了報復那些他每天皆深受其害的冒犯。從此一觀點來看，今天的流浪漢再也不如以往與世無爭，他變得比較暴力，比較有侵略性。他會對那些不想給他零錢的人口出穢言，祝他們有天也一樣無家可歸。尤有甚者，流浪漢之間更常打架，爲了搶地鐵通風口旁邊那個比較暖和的位子，或一塊可以用來擋風的硬紙板。有些流浪漢更會被攻擊、施暴、掠奪，甚至遭人用很殘忍的手法殺害。可想而知，在史前時代，飢餓必然是無數次人獸爭食的起因。不過，一些實驗室的實驗告訴我們，不只靈長類如此，連長久未進食的螞蟻也會立刻變得比較有攻擊性。還有，如果食物集中在一個聚集了大量個體的狹小空間中，鬥毆的狀況就會增加，佔優勢的成年者在尚未飽餐前，絕對不會讓其他同類靠近。

擁擠也可能引起兇惡的行爲；「因爲住得太靠近，讓我們變得不好客[89]。」羅倫茲如是說。就連動物，一旦群體的密度升高，即使只是輕微的，也會導致病理性的攻擊行爲增加，此即動物行爲學家所稱的集體效應。像人類這麼迷戀所有權的動物，難怪很多爭執會隨著對空間的分配問題而起。我們可以說，人類的兇惡行爲和人口密度是成正比的，而我們只能在保持一定距離的情況下忍受他人；生存空間此一（危險的）概念就是由此而來的。

這個社會愈是讓我們陷溺在一種難以承受的匿名中，我們就愈會去「反芻」一些邪惡的想法和復仇計畫。無聊，原來也是會讓人墮落的。莫鄔贊（Michel de M'Uzan）曾經轉述一名士兵的故事。該士兵表示當年參與第一次世界大戰時，戰壕中的鼠患已經嚴重到無論如何都非滅鼠不可的地步。於是就在兩次突襲的中間，當戰壕突然變得悄然無聲的當兒，有人逮來一隻老鼠，把牠的肛門挖掉。那隻老鼠頓時抓狂起來，開始很激烈地攻擊其他鼠輩，通常直到置對方於死方才甘休。那些無時無刻不處於恐懼狀態的士兵，竟然在觀鼠相殘中獲得很大的樂趣。如果說無聊是一切淫亂穢行之母，那它亦能讓人變得很惡劣。

得不到愛或缺乏關心的後果也相當嚴重。史匹茲（René Spitz）是相關研究的先驅之一，他指出，如果小孩在一歲以前得不到充分的愛，他一切的社會反應就會很快地退化，並喪失溝通能力。再大一些，如果仍無人給予關愛和鼓勵，他將在失落感中把全人類都恨進去，然後變成一個壞人。由此可見，愛是愈多愈好。《聖經》裡該隱殺亞伯的故事也告訴我們，一個人對同類——尤其是兄弟——的恨有多常見。佛洛伊德認爲，人們都寧願將兄弟姊妹之間的鬩牆，想成那是因爲他們相愛的關係，但其實更多的時候乃由恨而起。

性壓抑是做壞事的另一種理由（或機會）。例如，在佛洛伊德的《狼人》裡面，那個後來變成「狼人」的小男孩就是因爲手淫被處罰，才造成他的性虐待取向。男孩從此變得易怒、兇狠，尤其是在面對他的保母和小動物的時候。佛洛伊德說男孩開始對小動物做出一些殘忍的行爲，像是把蒼蠅抓來拔掉翅膀、壓死甲蟲，甚至動手去打像馬之類的大型動物。可見很多攻擊和退化行爲都是由性壓抑引起的；它似乎能讓兇惡的能量倍增，重新賦予本能中那些最古老的元素力量。從這個觀點來看，一些封閉的機構，如監獄，都很容易讓人做出非常兇惡的行爲。

動物也會被性壓抑所苦。我們知道成年的公黑猩猩會阻止比較年幼的黑猩猩交配，因而促使後者去加入其他的群體，希望可以滿足欲求。問題是別的群體的成年猩猩未必歡迎牠光臨，於是雙方大打出手。

情感失調也可能導致壞的行爲。譬如，這個九歲小男孩很受不了他的小妹妹，對她很是嫉妒，覺得她要來跟他分媽媽的愛。他不停地說小妹妹的壞話，找她麻煩。事實上，他就是想對她壞，即使還不至於要妹妹去死，但也曾說過眞希望她從來沒有存在過的話。至於激情，當它以暴力的形式出現時，也會成爲一種不折不扣的病態愛，儘管愛基本上是恆久忍耐又有恩慈……。

壞的由來還包括千百種不在上述之列的原因；在意外事件中失去親人，會讓我們突然懷疑幸福的可能性，也算是一種壞的原因。

壞的地點：家庭、辦公室、運動場

家人互相使壞是常見的事，尤其是配偶之間。如果夫妻一方出軌，彼此感情一定會嚴重受損。即使諸如說謊，或愈來愈淡漠、疏遠的床笫關係之類無足輕重的「小壞事」，必然也會隨著時間而惡化。演變到後來就成了我們前面說的「家庭劇場」——夫妻吵架。此外，握有家中經濟大權的一方，亦可能藉此壓制對方。請聽下面這位女士的告白：

> 五十年來，我給老公做牛做馬。因爲跟著他一起做生意，所以我沒有退休金，只能靠他。我的日子就是一直做做做，然後被他羞辱。我老公在外面是一個很體

面、很有魅力的人，一回到家就變臉。他也很不高興我和娘家還有幾個老朋友的關係。菜都是由他買，我連給自己買件衣服的零用錢也沒有……六十五歲以後，我開始反抗了，結果是他變得對我更兇(90)。

貝虹潔，皮卡地

兄不友弟不恭也是有的。很多人可以見證這種年長和年幼、女孩和男孩之間的日常暴力行爲。擔任教員的凱瑟琳（三十歲），就還記得她小時後怎麼個壞法：

我四歲那年，很不能接受妹妹的出生；整個人變得很壞，行爲反常，不只對她，也對所有的人……一直持續到青春期。今天，我最愛的就是妹妹，不明白從前自己怎麼會那樣！

阿曼婷（十六歲）則提到只長她一歲的哥哥，小時候對她很不好。兩人常打架，「而且都是無緣無故」，阿曼婷如此承認。後來，哥哥離家去上寄宿學校，「這改變了我的生活，」她說道。「而他在那段期間也變得很多；他開始對我非常友善，我也變得很喜歡他。現在，他眞的是一個好哥哥。」

一切競賽和競爭激烈——資本主義社會的活力來源——的場所莫不充斥著暴戾殺伐之氣，無論是在企業裡或體育場內，壞人都無須戴面具。像現在，我們在運動賽事場邊常聽到的口號不再是「加油」，而是「殺」。我的意思是，今日操場或體育館裡的「壞」氣氛，已經讓它們變得宛如血腥的競技場。如今的運動精神已非皮埃爾·德·顧拜旦男爵（譯注）當初提倡的「志在參加」，而是得獎、獲勝，無論用什麼樣的手段。君不見球場觀眾席上的氣氛有多火爆，因爲非贏不可！現在的運動員從小就被教以仇恨（孰不知「恨比愛更有力」）、作假，而場邊教練發出的叫罵和比出的各種手勢，樣樣都在激發或鼓舞更多的暴力。大家看看，一場足球賽，從下面踢球的到上面看球的，哪一個不是恐嚇、侮辱又加國罵的：「讓他死！」「斬下去！」這就是現在我們在球場上可以聽到的台詞。誠如朗茲曼（Claude Lanzmann）所言，在此一情況下，哪裡有以象徵性戰鬥取代實質的兩軍交鋒可言？何來淨化作用的宣洩效果？還不如說壞已經被我們

譯注：Pierre de Coubertin，一八六三～一九三七年，法國教育家和歷史學家，現代奧林匹克運動會的創始人。

從一種可以引起幻覺的興奮劑，變成毫無理性可言的偏執狂式暴力。

工作場所當然也是壞的舞台之一，伊里戈揚對騷擾行爲的研究中亦確認了這點。我們都知道企業裡的騷擾情事層出不窮，包括性或精神上的，而且與行業別或公司規模無關。我們甚至可以說騷擾在職場上是一種很普遍的行爲。歐特蕾在《操縱者》（Florence Autret, *Les Manipulateurs*）一書中曾指出，騷擾在公關公司和美國律師事務所尤其常見。這些新一代的「影武者」會以公共利益或研究發展的名義一步步進逼。女性是這類行爲的主要受害人。有人「上床了」所以收到很多獎品和優待；有人「抵死不從」，被打入十八層地獄，騷擾行爲於是從原先的性騷擾移轉爲精神騷擾。

經濟危機讓人心惶惶，害怕失業，也是各種壞人壞事的溫床。帕西尼曾引述法國精神病醫師亞伯特（Éric Albert），將老闆對員工的壞詳述如下：計算每天上廁所的次數，下班要打卡，不喜歡員工在公司打私人電話……然而，在擔心被炒魷魚的陰影下，許多受害人仍噤不敢言。不過我們還是要指出，在一九九一年六月法國國會通過的法律中，性騷擾是可以被處一年有期徒刑並科一萬五千歐元的罰金。

更嚴重的情節：集體爲惡

大家都知道集體效應的威力，會讓個人的身心狀態都產生改變。我們甚至可以這麼假設：人愈不落單其所作所爲就愈壞。事實上，當我們身處人群之中，由於模仿作用，會身不由己地跟著壞。大家都見識過體育場上那些足球流氓的行徑吧！十九世紀末的法國社會學家樂邦（Gustave Le Bon）在對他那個時代的群眾行爲做了研究之後，一再強調：一個群體只會把它的成員往下拉。就算最優秀的人，一旦加入烏合之眾，也會變得兇惡無比，之後當他們又恢復獨處，通常都對自己竟然會做出那麼壞的行爲感到無法置信。

因支持不同球隊而互相幹架的球迷、可能一起幹出最卑鄙無恥之事的士兵，或呼朋引伴欺負其他同學（尤其是女生）的青少年，這些人身上都會出現群體性的壞。青少年有時還墮落到做出「輪騎」的行爲，即對受害人輪暴。然後就像前面說過的，這些少年事後都不明白自己爲什麼會對無辜的女孩那麼兇狠，甚至根本無法交代清楚自己那些有時會讓他們被送上刑事法庭的所作所爲。

壞事怎麼做

壞事的作法和策略可謂不勝枚舉，智取是其中之一。西塞羅曾經說過一個將軍的故事：他和敵人議定停戰三十天後，夜裡竟然派兵攻打對方的領土，理由是合約上只言明停戰三十天，並沒說晚上不能開打！誘拐則是另外一種欺騙受害人的方式，正如同青少年愛用的撒謊。當然，挑撥離間、暗中操控也是很常見的手段。這些策略，讓我們得以對壞和攻擊性做出區別，因爲後者顯然更屬於本能反應，更衝動，更直接。最後請看這篇巴黎一名高二學生帝寶（十六歲）所寫的小小說，很有參考價值。

大家好，我來自我介紹，我的名字叫約翰，約翰・費茲傑哈。我是一個壞人，下面是我的故事。一九六八年二月三十日，我在墨西哥生火腿市的三明治醫院出生。我的雙親，凱西和大衛・馬哈拉那—費茲傑哈將我命名爲約翰，並採用「完人教育法」扶養我長大；他們兩個都是溫和善良、慇勤親切、富有愛心而且非常有錢的大好人。當我還是一個小孩子的時候，不但學校成績優異，和左鄰右舍的關係也非常好。進入青春期之後，我的功課並沒有因此而變不好；我沒蹺過一天課，也不抽菸也不喝酒，還會幫同學的忙。我以優異的成績從高中畢業後，進入全世界最好的學府之一就讀。二十二歲那年，我打造出第一個新世紀罐頭的原型，這個偉大的發明，讓我進了一家非常著名企業，也就是哈公蛋公司（俗稱「哈蛋」）擔任總工程師的職務。很快地，我愈爬愈高，終於當上了副總裁。年薪數字有好幾十個零。有個完美無瑕的妻子（給一家專門生產黃鼠狼食品的品牌當代言人），一間大房子，兩個一出生就成功地被分割開來的漂亮雙胞胎女兒，一些慷慨的朋友和完全沒有國稅局那邊找來的麻煩。然後是亞道夫．戴爾多羅的出現。之前我都一直以爲自己可以永遠如此高枕無憂，沒想到一個禮拜就足以讓我的生命從此天翻地覆。首先是我爸媽的過世，他們正在頂樓清掃，結果被兩個從置物架上掉下來的花園小矮人砸死；而那個叫亞道夫．戴爾多羅的傢伙奉命來接替我的職務，我於是開始留起鬍子；我的妻子離我而去，和我的接班人在一起，她並取得了小孩的監護權和房屋的所有權；這些還不夠，最後我那家銀行宣告破產，因爲被一個吃迷幻藥的波里尼西亞人給搶了。在身無分文，妻離子散又走投無路的情況下，我開始酗酒和吸毒。從此住進一家養老院的地下室，只能吃人家吃剩的披薩和蟑螂。但經過了這一切，我還不明白爲什麼有人還會指責我是壞人。於是我開始嘲笑路上碰到的每一個人，我還對他們其中不只一個動過手，多虧了我，自殺率開始急速上升。我在街邊分發飽吸了痲油(91)的香菸，我讓所有被我看上的雌性喝下迷姦藥，我還把我那家養老院裡的乾淨針筒換成裡面都是梅毒的針筒，並且把小孩吃的糖果換成搖頭丸，把圍兜兜拿去浸硫酸。我後來成了John Doe(譯注一)的刑求顧問，音樂方面則是給蒙大拿(譯注二)當參贊。狄托(編注三)、毛澤東和門格勒(編注四)連我的腳踝都搆不到。在這個世界上沒有人值得我同情、尊敬，我還很喜歡虐待動物，尤其是小浣熊。

你們現在會說這一切都要怪我老闆，多虧了他我才不至於變成第一個死在水溝裡的人。問題是，這個人會上教堂，穿著光鮮的條紋西裝，每個月還捐款給綠色和平組織，牙齒潔白，而且和他的祕書「一點都不曖昧」。但這些都無礙於他成爲天下第一壞蛋，全人類有一半都像是這個人的拷貝。現在輪到你們來告訴我什麼是眞正的壞……。

▼神經化學刺激所引起的攻擊行為：以老鼠為例

現在讓我們來檢視隱藏在情感行爲下巨大的神經生理學冰山。科學家研究這些由新皮質、邊緣系統和下腦丘所組成的冰山，至今有幾十年的時間。邊緣系統佔據著中央的位置，它就像一個十字路口，腦幹從這裡分出去成爲兩個大腦半球；邊緣系統裡面包含了一些在物種發展過程（系統發生學）中很早就出現的古老發育，譬如位於顳葉深處的杏仁體，成雙且對稱，作爲大腦半球前端伸展部分的嗅球，以及連接兩個半球的透明隔。下腦丘則緊鄰位於顱底的腦下垂體。

這些發育如何作用？我們又如何通過它們來引起攻擊行爲呢？自一九二〇年代以降，相關方面的研究已有不少。譬如，一九二八年，巴德（Bard）就曾透過對腦下丘的刺激，讓一隻被去掉大腦皮質的黑鼠產生震怒。另外一個由布艾（Buay）於一九三七

譯注一：在美國是無名氏的代稱，這裡用來指伊拉克戰爭中虐待戰俘的美國士兵。

譯注二：Gilbert Montagné，法國著名的盲人歌手，一九五一～，法國著名的盲人歌手，在政治上支持由右派薩科奇領導走偏極路線的「人民運動聯盟」（UMP），此文作者顯然很不喜歡聽蒙大拿的音樂，覺得是在受罪。

編注三：Tito，一八九二～一九八〇年，南斯拉夫政治家、總統。

編注四：Mengele，一九一一～一九七九年，德國納粹黨衛隊軍官、奧斯威辛集中營的醫師，人稱死亡天使。

年所做的實驗顯示，如果將兩邊的杏仁體都破壞掉的話，會引起一連串複雜的併發症，尤其是侵略行爲的消失。一般而言，研究發現可將大老鼠區分爲「殺手型」（專殺小老鼠）和「非殺手型」兩類，而殺機也有兩種：爲了快感和因爲受到某種強烈痛苦情感的衝擊。已經開過殺戒的大老鼠，下手時沉著而迅速，並迫不及待地將被殺小老鼠的腦子吃掉。刺激兩邊的腦下丘區可以讓原本躊躇不前的大老鼠採取行動，但若對雙邊的該區域皆施以破壞，則相反地會令攻擊行爲消失，和杏仁體遭破壞後的結果一模一樣。至於非殺手型大老鼠，若其中腦下丘和中腦的某些點受到刺激，也會在一種強烈情感的驅使下，去攻擊從未謀面的小老鼠，彷彿這是唯一能夠讓牠脫離苦海的方法。

許多損傷（lésion）的作用都是由於神經化學反應的關係。舉例來說，切除嗅球會引起膽鹼乙攜基轉移攜活動的增加，因而加速了杏仁體對乙醯膽鹼（由神經細胞所釋放出的化學介質）的合成。殺手型大老鼠大腦中含有較多的膽鹼乙攜基轉移攜，但γ—氨基丁酸（GABA，能夠抑制攻擊行爲的化學物質）相較於非殺手型大老鼠卻是比較少的。由此可見，若將某些化學物質注射到大老鼠體內，或可改變牠對小老鼠的態度，譬如血清素合成抑制物（PCPA）會阻止縫核對血清素的合成，因而有助攻擊行爲的產生；防己鹼能阻斷GABA的活動，而讓原本性情溫和的大老鼠變成殺手鼠。

一般來說，雄性激素可以增加動物的攻擊性，因爲這種激素會提高某種由包皮腺和生殖器官副腺所分泌的能刺激攻擊行爲的芳香物質。研究人員發現，發情期的猴子會分泌較多的睪丸素，攻擊行爲因而明顯增加。相反地，若將小老鼠大腦中的嗅球摘除，攻擊性也會跟著降低；不過摘除嗅球對大老鼠的作用仍有待商榷，因爲手術後的大老鼠對牠們不喜歡的小老鼠甚至變得更具攻擊性。

綜上所述，下腦丘、邊緣系統和大腦各部之間似乎存在著一種官能性的互動力量，導致機體終於將攻擊之舉付諸實現。這樣的說法推翻了過去咸信攻擊行爲乃起因於一發軔於大腦某「攻擊區」的天生衝動的假設。

▼對人類兇惡行為的刺激

美國社會心理學家密爾葛蘭（Stanley Milgram）的研究顯示，成年人對幾無條件地屈於權威有著極端的傾向，而這也就是「毀滅性服從」的威力所在；在密爾葛蘭的實驗中，一些「完全正常」的參與實驗者必須在指令下對其他的個體施以愈來愈強的電擊懲罰。事實上，電擊是假的，受害人的哀嚎和求情也是裝出來的，不過參與者並不知情。在四十個參與實驗的學生當中，只有六個人在實驗中途打住，因爲不願看到那些假受害人繼續受苦而拒絕合作下去，其餘的則一直堅持到最後。在三十四個完成實驗的參與者中，有一半的人曾表現出難以自制的攻擊成分，另外一半的人格完全正常。而這些「正常人」唯有在實驗完成之後，方對自己適才的所作所爲表示不贊同。此處的「毀滅性服從」之所以會產生，在於命令乃由著名學者下達，所以被視爲有依據而且合法；我們都知道納粹就是用類似的推理方式，屠殺了六百萬猶太人。

第6章 壞人壞事何所用

壞人因著壞，
可以盡情發洩，
可以放空心中恐懼，
不再害怕未知和未來。

遊戲和賭注

喜悅……當它由惡而生時，
必然有笑聲和嘲諷相隨。

笛卡兒《激情與靈魂》

壞人壞事的動力和資源在哪裡呢？不用懷疑，我們壞，首先是爲了自己的利益，爲了擴張自己的權能，增加自己的快感。壞絕對是達成這些目的最好、最快的方法之一。因此一旦我們想要而且有機會，我們就會用盡各種手段來使壞。壞人都知道自己很壞，即使到了某種程度之後，我們似乎會對自己的行爲不再具有充分的意識。有時候被逼急了，我們會聲稱不是「故意」要壞的，而是說話沒經過大腦，或甩出去的那巴掌其實也沒那麼用力……但我們知道，有沒有蓄意爲壞，只有那麼幹的人心裡最清楚。

壞心的人，雨果說「自有其黑色的幸福」。可以確定的是，壞人會喜歡他們的壞，壞不是讓他們可以爲所欲爲嗎？此外，壞人常常不願承認他們的行爲是錯誤的；他看不出這麼做有什麼不可以，做了之後也覺得沒有必要後悔。

要說壞人壞事的話，應該從兩個方面來討論，一是壞別人，二是被人壞。被人壞的是受害人，壞別人的是加害人，這是兩種截然不同的經驗。如果加害可以讓人感到愉快，覺得自己就像上面說的，「壞得很快樂」，那受害就是痛苦的，而且時常令受害人百思不解：「我到底招誰惹誰了？」下面我們就先來探討強加式的壞法。

「我喜歡作惡」或樂見衆生苦的快感

蘇格拉底認爲，不公不義且壞的人不知快樂爲何物。這種說法不夠精確，至少不能適用於任何一種狀況。壞，我們前面也看過了，可以用說或用做的，首先是讓壞人得到解脫，讓他從一己的挫折感中解放出來，擺脫他自稱深受其害的痛苦。壞人因著壞，可以盡情發洩，可以放空心中恐懼，不再害怕未知和未來。因爲以鄰爲壑，所以壞人過得無憂無慮。

壞還可以讓人得到一種「愈壞愈快樂」的歡愉感。似乎再沒有比惡行——任何種類的惡行——更能令人獲至快感的了；「眞正感到自己可惡，多麼快樂啊！」雨果寫道。壞人喜歡看人受苦，甚至看得津津有味，從那樣的苦裡面汲取自己的樂趣。像一心和盧貢家族過不去的安東·馬卡，就曾試著說服姪子席勒維爾和他站在一邊：

> 於是，這人磨尖了他最鋒利的殘酷，著手發明一些可怕的、句句打在男孩心坎的謊言；那男孩蒼白的臉色、顫抖的手和無知的目光，無一不令他感到愉悅，一股算計著該從哪裡進攻才能命中對方要害的惡意，引起他陣陣的快活(92)。

同一本書中，蜜桃那個十六歲的表兄朱斯旦，因爲對表妹反感，所以總是背地裡欺負她：

> 朱斯旦最快樂的時候，就是當她因爲他的誣告而大吼大叫時。他會裝作沒看見而去踩她的腳或用力推她，然後笑出來，很喜歡這種看著別人難過而感到心滿意足的陰險樂趣。

爲了看表妹哭泣，朱斯旦還會跟她說一些她父親在杜隆苦役監獄服刑的慘狀——當然是加油添醋的。

暫且不論小說中的虛構情節，先來看現實人生。眞實的壞人也承認蹂躪他人的樂趣妙不可言，此外這也是爲什麼他打死不肯被當成好好先生的原因。他不喜歡好人這種東西，寧願追求那種來自不光明正大，甚至殺人不眨眼的好處。一個女生自問：

做壞事會讓別人痛苦，不過那些純粹想做壞事的人，目的也在此。壞人會故意傷害對方，或身體上或心理上，就是爲了讓對方痛苦、不好過。這樣做有什麼好處？一個人要自私、自大到什麼程度，才會自認爲有權力以負面的方式去介入、摧毀另一個人的生活？

香達兒（十七歲），在巴黎就讀高中

有時候爲了讓一個人的受苦有更佳的視覺效果，壞人還會親自出馬擔任戲劇指導。十六世紀教會的宗教審判官就是這種藝術的大師，就像伏爾泰在他的《戇第德》

（*Candide*）中描寫的那樣，他們認爲除了應使民眾能感同身受到受刑人的痛苦，更該令受刑人提早體驗到他們即將經歷的酷刑。那個時代的刑罰之殘酷入微，前面我們也已經提過了(93)。還有，古羅馬人之喜愛馬戲表演，唯有今日西班牙人對鬥牛的狂熱差可擬。

有些場景調度的難度比較沒有那麼高，比較日常化，像威伯（Francis Veber）於一九九八年推出的電影《客人變成豬》（*Le dîner de cons*），即爲一例；布洛雄是巴黎的一名大出版商，每星期都會請幾個朋友到家裡晚餐，大家輪流邀請他們在生活上碰到的「傻瓜」當晚餐的特別來賓，供眾人取笑。這天晚上的特別來賓是一個在國稅局上班的稅務員，叫皮紐。皮紐先生下班後的最大消遣就是製作火柴棒模型。布洛雄太太對老公的傻瓜晚餐極不認同，不明白爲什麼可以這樣取笑那些可憐人。布洛雄則回答，大家只是玩玩，又不會傷害到誰，再說這些人其蠢無比，一點都不可憐，還有，從來也沒有一個蠢貨看得出自己受邀的理由。然後皮紐來了。不料布洛雄因突然扭傷腰，晚餐無法如期舉行，只好獨自在家應付皮紐。兩人互動時笑料百出，直到皮紐從布洛雄的前任情婦那邊聽到人家請他來晚餐的緣由。「原來您是一個壞人。」他很失望地對布洛雄說道，然而當下的布洛雄只有一個念頭，那就是挽回拂袖而去的妻子。電話響起，布洛雄被告知妻子剛發生車禍，住進了醫院。皮紐於是在布洛雄的要求下，假裝是他們的家庭醫師半夜打電話去醫院幫他求情。在和布洛雄太太最後這段感人的對話中，皮紐對布洛雄下了這樣一個精采的注解：「我不曉得您的先生是不是最壞的那個人，但我很確定他是最不快樂的那個。」劇終以圓滿收場。

壞人甚至會因爲必須藏起他的壞，假裝是好人而痛苦。這裡我們一定要來看一下《海上勞工》裡的這段關於克呂班船長的精采描述：

> 他是罪惡，卻和正直結合……他一直懷有邪惡的預謀。從他成年以後，他就穿上了這件堅硬的盔甲，那就是他的外貌。在盔甲底下，他是妖魔。他披著善良人的皮生活，一顆心卻是強盜的心。他是善於甜言蜜語的海盜。他是誠實的囚徒。他給關在木乃伊的盒子裡，那只盒子就是清白無辜。他背上長著讓無恥小人感到惶恐的天使的翅膀。公眾對他的尊敬重重地壓在他身上。被當成是正派的人，做起來很困難。內心險惡，言語卻要動聽，始終要保持這樣的平衡，眞是艱巨的事。他原來是罪惡的鬼魂，但又是正直的幽靈(94)。

現在，我們可以更進一步地定義：壞人不光指凡蓄意在言語或行動上作惡者，還包括那些喜歡製造痛苦，從身或心方面傷害他人的人，換句話說，就是透過言語或行爲，讓人覺得「難過」、痛苦。這種行爲一旦走火入魔，就成了沉迷於折磨獵物，看著鮮血從對方肚腸裡噴出而竟能因此獲得極度快感的虐待狂。

更深入地說，壞同時也是一種覺得自己很有能力的感受，這無疑是一種人皆有之的「權力意志」的表達，一種支配操控的需要。賈維眼見尚萬強就要再度被自己逮捕時，恐怕心中感受到的就是這股惡意；他一路尾隨著他，在陰暗的巴黎街道穿梭，儘管大可上前一把將他抓住，但還是要拖延下手的時刻：「他的眼睛沒有離開他，心中感到無上的歡暢。猛獸的牙和鷙鳥的爪都有一種兇殘的肉感，那便是去感受被困在牠們掌握中的生物的那種輕微的扭動。置人死地，樂不可支！賈維得意洋洋(95)。」

所以說壞人是追求權能的，這點在虐待狂患者身上尤其明顯。「一切惡行——即使是最常見的——後面都有個渴望，渴望某種無可抵擋並迫使人們無條件服從的無所不能(96)。」傅拉歐如此寫道。佔有欲愈發達，追求社會地位的野心愈大，社交性就會愈低而做壞事的可能性就愈高。從某個角度來看，與其說壞人做得太過分，還不如說他們強迫我們接受他們那一套。這種類型的壞人對同類一點同理心也沒有，覺得他有輕而易舉地達到自己目標的權力，無須考慮別人。

再拿左拉的《盧貢家族的發跡》來舉例好了。皮耶．盧貢是雅黛拉伊德和皮耶所生之子。皮耶早死，雅黛拉伊德又遇到馬卡，跟他生了一男一女，也就是安東和爾秀拉。不過雅黛拉伊德一直沒有和聲名並不好的馬卡正式結婚。雅黛拉伊德神經衰弱，也不會做生意，有一片小菜園，交由一個不是很誠實的菜農經營。皮耶決定擺脫馬卡一家，先是力促異父妹妹爾秀拉遠嫁外地，然後也不阻止異父弟弟從軍。後來，他甚至強迫母親對他言聽計從；「像在懲罰小孩那樣懲罰她，」左拉寫道。「兩人角色從此對調。眼見著那隻戒尺老是高高舉著，這可憐的女人只好把頭低下來(97)。」權力、金錢和地位，無一不在鼓舞著皮耶．盧貢使壞；「這些被那菜農拿去市場上賣然後抽走大部分收益的蔬菜，是他的；這瓶酒和那個麵包，教他媽媽那兩個雜種給喝掉吃掉的，也是他的。整棟屋子，整個財產，都是他的。」有天，他終於交上好運——馬卡死了，被一個憲警打死，他那間破房子就留給雅黛拉伊德繼承。老母於是搬出去，皮耶從此成了屋裡唯一的主人。然而，就像雨果在《悲慘世界》中對德納第的評語一樣，時機不好的時候，「光是壞也賺不了大錢的(98)」。馬基維利說過，只要攸關己利，人馬上就會變壞。這也就是爲什麼爲壞在政治圈中那麼重要；《君王論》的作者認爲，若欲國治位保，爲人君者勢必經常使用此一手段：「……他必須學習爲壞之道，並視狀況而知加以運用與否(99)。」

壞人似無任何利他之情，亦不知自重自持；康德所謂的人之獸性，在壞人身上顯露無遺。壞人看起來彷彿被自己的壞性給侵占、充滿、附身了。壞人對別人的痛苦一點感覺也沒有，誠如心理分析家葛林（André Green）所說的：

> 有天我被這個壞人的定義嚇著了——壞人乃指愛惡者，而非造惡者。所有的人都會做壞，但有些人是愛惡。愛惡？這是什麼意思？喜歡看到別人受苦嗎？想必是如此，但這不過是最一般的情形。然而還有一種更激烈、非從主觀出發的惡之愛。這種人愛惡，是去偵測它，指出它，找到它，然後想辦法摧毀它，認爲一旦征服之、消滅之，幸福和善的最高主宰便能全面地統治這個世界(100)。

爲壞的手段

壞人可以透過狡詐、誘惑和操控來達成目的。操控者通常不以眞面目示人，偷偷摸摸，一切只爲了自己的好處……凡事只講效益，見縫趕緊插針，有沒有用是他唯一的考量，人類存在的目的在於讓他當卒子，助他朝著個人目標步步進逼。操縱者不只橫行金融界，日常生活中也處處是他的影子……他是這個腐敗、墮落和無法無天的社會的產物。「君子慎言」在這種人面前完全失去意義，而在他那沒有什麼不可以的價值觀裡，公平概念完全付諸闕如，自己一定要贏才是重點；操控者於是擅長轉移話題，玩文字遊戲，阻撓一切的溝通。他爲了權力去顚覆、使詐，也不管這會不會毀了另外一個人。恬不知恥和挑撥離間是他最會使的兩件兵器。他的做人原則是，不表意見，不透明和前後不一，這樣就不用爲自己辯護，也可以保住面子。愛出鋒頭：只能活在別人的注視下，尤其是當他在別人眼中的形象很正面時……。

我們的孩子正遭遇著危險，因爲他們的生活環境是一個以狡猾、謊言、走極端和不公不義爲生存法則，一個即使稱之爲「兇惡」亦不爲過的社會。那種主張「人人有其眞理」、「什麼都可以」的叢林法則又回來了，而且變得好像沒什麼大不了的。我認爲日益嚴重的暴力問題，尤其是在年輕人身上的，絕對有一部分要歸咎於這個現象。

女性（五十歲），公務員，巴黎

詭計、操弄、中傷、訕笑，這些都是壞人做壞事時常用的伎倆。我們不禁要想起葛雷賽（Gresset）的著名喜劇《大壞蛋》（*Le Méchant*），一齣於一七四七年在法蘭西劇場（譯注）首演的五幕詩劇。劇情敘述和妹妹芙蘿莉絲與姪女克羅埃同住的城堡主人傑杭特，有意將克羅埃許配給青年瓦雷爾。不幸的是，傑杭特家中有個叫克萊翁的客人，是個大壞蛋，覬覦著和芙蘿莉絲或克羅埃成婚，將來好繼承傑杭特的財產。於是他開始散佈謠言，混淆整座城堡上下的視聽；瓦雷爾一開始被克萊翁所惑，處處以他爲榜樣，並在傑杭特面前表現出十分粗魯無禮的樣子。幸虧傑杭特友人阿利斯特的小心謹慎，再加上女僕麗彩特的足智多謀，終於讓克萊翁的陰謀不攻自破，大壞蛋從此被逐出城堡。

詭計有時候走火入魔了，也會變成罪行。當初，波吉爾（César Borgia）爲了平定羅馬納的動亂，派了素有「迅速又殘酷」之名的竇格爾（Rémy d'Ogre）前往鎮暴。竇格爾雖然平了亂，卻很不得民心。波吉爾爲了攏絡人心，並和那些以他的名義所犯下的

譯注：Théâtre français，即今天的法蘭西劇院（Comedie-Francaise）。

暴行劃清界線，於是下令斬了竇格爾：「某日晨間，在瑟瑟納的大廣場上將之處以磔刑，屍塊並陳列示眾，旁邊還擺著一塊木頭和一把血淋淋的刀。這樣殘忍的畫面，看得路人驚心動魄又心滿意足(101)。」

壞的後果以及爲什麼有人喜歡壞人

人之異於禽獸，就在於能夠預見一己行爲的後果——至少不會被嚇到。這是因爲人有三重時間感，可以區分出過去、現在和未來，因而明白前因後果之間的關聯。

壞人因爲壞，所以沒有人會喜歡他。前面我們不是提過有個十二歲的小男孩，最大的消遣就是和班上的同學說一些沒有的事。後來，這個男生的班上再沒人受得了他，全都不跟他說話了。這就是壞人可能會得到的下場——被孤立。下面的訪談紀錄可以證明這點：

- 如果我們做人很壞，就沒有人會喜歡我們。維克多（十二歲）。
- 如果我們做人很壞，就會沒有自信，也會沒有朋友，最後成了一個大家都不想理也不想看到的人，這時我們就會變得心情很不好。克萊爾（十二歲半）。

・如果我們做人很壞，就會沒有人想跟我們說話，也不會來找我們。我們會沒有朋友，老是自己一個人，就會愈來愈壞。因爲一個人很無聊，很容易生氣。茱麗葉（十二歲）。

・壞人會被孤立、排斥，被其他人討厭。索菲（十三歲）。

・沒有人要跟你作伴，大家都看不起你。要怎麼收穫，就要那麼栽。嘉玲（十三歲）。

・你會失去朋友，換來一大堆敵人。你會覺得不快樂，然後慫恿別人也跟你一樣壞。魯道夫（二十一歲），瑞士學生。

・壞到了盡頭，常常就成了被排斥、孤立，甚至被社會驅逐的邊緣人。法碧安（五十六歲），接待員。

前面我們談過做壞事對壞人的「好處」，但都是一些正面的感覺，然而壞人亦不乏從罪惡感、悔恨、羞愧和悲傷來的負面情感；承認這點，等於是在給「連最壞的壞人也無法揚棄道德法」這樣的說法背書。至於受害人，毫無疑問是深受壞人壞事之害的。譬如雅黛拉伊德，她就很受不了兒子的虐待——「他那嚴厲的目光」——很想逃開，和她的情夫遠走天涯。她甚至曾經想過自殺。

在眞實生活中，這樣的苦難經驗亦多不勝數：

沒錯，我也有過因爲被壞而感到痛苦的經驗。我不曉得這是眞的，還是自己想太多。我有一個朋友（我眞的很懷疑她算不算朋友），我覺得她蠻壞的。每次我跟她說我們共同的朋友中有誰很難過或誰很開心，她都會用很鄙視的目光看著我，然後丟給我一句：「關我屁事！」即使是跟她最要好的朋友有關的事。要是我的話，如果我的朋友很開心，我也會很開心，如果他們需要我的安慰，我也一定會在他們身邊。說眞的，這個女生的反應讓我很驚訝，不過我不曉得她這樣算不算壞人。也許她根本不曉得自己這樣說很傷人。

喬安娜（十五歲），大巴黎區

第二個例子是個大人給的，分別陳述了好幾個狀況：

有個同事，因爲嫉妒和想表現，成立了一支和我唱反調的大軍，於是開始有四、五個人對我說話很不客氣，而且只要我一發言就會出聲反對……不然之前大家心裡都沒有疙瘩的！我很難過！

一個很要好的朋友，有次我說話得罪她，先是惡狠狠地瞪了我一眼，然後轉過頭去跟另外一個朋友說了幾句悄悄話，我問她在說什麼，就回我「沒什麼！」口氣很不耐煩。這聽起來沒什麼，可是她的態度眞的讓我很受傷。

還有我妹妹，每次一生氣，就會開始跟我說一些和我們的談話內容毫無關係的事，擺明了就是要讓聽的人我難過……就爲了讓我閉嘴，她不惜傷人。

凱瑟琳（三十歲），教員，巴黎

受害人最害怕的就是人家對他們的壞一再重演。來聽聽下面這個女孩的告白：

去年我和我媽一起住在蔚藍海岸那邊的一棟公寓。我媽跟鄰居一個十八歲的男生吵架，結果是我付出代價。每次我跟我的死黨出去，他跟他的朋友就會過來罵我是「醜八怪」。直到我們搬來巴黎，這事才告一段落。

「苦主」一般都不喜歡那些壞他們的人。面對他們所受到的傷害，他們通常都有一股不平之感。「沒有人喜歡痛苦的感覺，」香達兒（十七歲）如此認爲。「也沒有人就活該受苦。」不過壞人有時候也會具有正當性。我們知道，像被虐兒不見得都會討厭虐待他們的父母；他們最後甚至認爲如果被家人這般對待，一定是因爲他「活該」，他一定做了什麼不好的事情才會被殘虐至此；這也是何以被虐兒通常不敢說出他們的遭遇。此外，心理學家也告訴我們，這些小孩長大後，有時——幸好並非總是——也會虐待自己的下一代。有時候，深受其壞的被害人會對爲壞者產生極強烈的恨意，譬如科學怪人對將他造出來的富蘭克斯坦博士。而當我們的恨意於法有據又合情合理時，恨起來有多爽啊！

我們是怎麼變成受害人的？有沒有人一生下來就具備了受害傾向？在我們的訪談對象中，年紀最小的一群自有一套精確指標來描繪他們心目中的「被害候選人」：這人的身材矮小，個性膽小，力氣更小，穿得不好，男生女生都有可能，總之就是「班上第一名」那種類型。奧古斯特（十三歲）提到他們班上有個男生，功課好到跟他的穿著一樣好笑，每次都會穿一條褲管都已經縮到他胸膛上的褲子來學校，把大家都笑得半死。

「這種人就很適合當被害人。」奧古斯特如此下結論。他的說法在二〇〇五年春的法國高中生示威遊行中再度得到證實。話說該次高中生活動中，和平示威的高中生和一些混跡其中的郊區不良少年曾發生肢體衝突。根據二〇〇五年三月十六日《世界報》的一篇報導，海克（十八歲，擁有突尼西亞和法國雙重國籍）的解釋是，爲什麼會想去打這些他口中的「小白人」、「包螺絲」（bolos），搶他們的東西呢？「包螺絲根本不敢把眼睛抬起來，因爲他們怕得要死，全是些膽小鬼……這些小法國人天生就一副被害人的樣子！」

不是所有的壞都能吸引同樣的注意。如果沒有任何一件不會讓人無動於衷，那其中絕對有些是「被容忍的」。就像朱利安（五十歲，接待員）說的：「人們會去忽略某些壞行爲，只要那些不是嚴重到讓人無法釋懷。」對此，擔任教員的凱瑟琳（三十歲）所見略同：「人家對我的壞，如果沒往心上去的話，忘得也比較快。」

第7章
如何治療壞

當人與人之間的關係受到某些小惡小壞的碰撞時，
即使是最微小的關愛，
也有助於其軟化和修復。

懲罰和修復

與其克服缺點，
還不如讓那些強而有力的優點萌芽。

貝爾基博士《兒童的缺點》（*Les Défauts de L'enfant*）

善在我們這個宇宙中那不可剝奪的優先權，是到了該物歸原主的時候了。「這個世界就靠那麼一點點的道德在支持。」爾尼．芮南（Ernest Renan）如是說。所以壞需要被治療，個人和社會也需要新的、不讓壞人壞事瓜分蠶食的道德觀和風俗習慣。壞和好的價值不一樣，前者是負面的，會破壞團體和諧，後者則值得讚美，能平和社會關係，是正面的價值；一個名不見經傳的法國倫理學家說：「我雖從未檢視過一個壞人的靈魂，卻曾見過好人的，結果是嚇得落荒而逃！」這個說法實在有失厚道，因爲它將人類一切的醜行正當化。我們可以同意人性一開始是受到暴力的驅使，而人類基於生存的需要，不得不顯露出壞的一面，但我們卻不能忍受一個奠基於社會契約上的社會還冠冕堂皇地爲惡。一個文明人，如果不能總是祝福他的同類幸福快樂，至少也不會希望對方有任何痛苦吧？那些卑鄙無恥、斤斤計較和陰謀詭計，實在夠了！停止我們的「負極心態」吧！從今起讓我們改而鼓舞慷慨、寵愛、信任和眞誠。讓大家因行善和分享而得到無限歡喜；因爲，相信我，這是一個永遠不會枯涸的快樂泉源。

壞需要接受治療，因爲無論從道德、社會還是人性的觀點，善皆比壞更有益。作家蒙泰朗說他自幼即不曾虐待動物，連腳下的螞蟻都不忍踩死，抓到魚也會丟回水裡。如果蒙泰朗不是個特別好的好人，至少他——常常出乎意料地——鼓吹善；例如，他不是力主要爲那些被法國殖民的阿爾及利亞人塑像嗎？或到處宣揚幫臨終的動物安樂死嗎？當然，與更喜歡造孽或咒罵的世道人心唱反調，會讓人暴露在不被理解，甚至招來怨恨的危險中，這點蒙泰朗也非常清楚；「面對一個慷慨的行爲，」他寫道。「有人無法明白，有人明白，還有人試探(102)。」

除惡務盡，就像牙醫拔掉蛀牙那樣。因爲這種東西會到處滲透——家庭、學校、公司，甚至運動場上。明察秋毫如蒙泰朗，早在距今八十餘年前就慨然嘆曰，舊日那人人識得的「美好東西」已蕩然無存。光明磊落從此銷聲匿跡，代之而起的是遍地的詐騙和侵略，遍地「粗糙的表現狂和不擇手段的勝利者(103)」。

如今，應以最迫切的方式，讓那些失落的價値，如堅毅、紀律和團結等，重返社會各個角落，包括競技場上的遊戲活動在內。「一個國家的道德高低，」《奧林匹克》(譯注)的作者又寫道。「和法律有關，和哪些法律被執行了也有關。」

應該讓壞人變成過街老鼠。這麼說，我想一定會被認爲很天眞吧，不過有什麼關係！如果人的天性傾向壞，他一定也有善端。將這端壓下，那端擎起，不就成了。當好人需要勇氣？非常好！那就讓我們鼓吹人人當好人，最好「被善附身」。還有，相信我，任何人，就像任何社會，對壞人壞事的忍受都有一個限度，一旦超過了，他們還是會反抗、反擊的。這樣的反應實在很令人欣慰！因爲抗惡比愛善還更需要勇氣，即使是在合理的範圍內，即使並非全面的。「能夠讓自己所愛的人快樂，」蒙泰朗說道。「並公平地對待身邊的每一個人，就已經很好了。」如果仁愛恩慈在今日確實比過去少，但拜罕見之賜至少變得比較有效，這點也蠻讓人欣慰的。

應該要嫉惡如仇。不鄙視壞人，等於是他的同謀。壞的行爲令人作嘔，對此我們絕

譯注：*Les Olympiques*，蒙泰朗一九二四年的作品，內容包括散文、詩和以運動爲題材的短篇小說。

不假寬貸。這麼做同時也是在保護社會全體。

相較於其他人，兒童和青少年做爲壞的受害人——偶爾也會成爲加害人——更能體認到壞的強大效力。現在，連最小的小孩也可以輕易看到一些色情影片，經過這些影片的誤導，某種性別歧視的壞開始在他們身上成長，繼而演變成一種大男人主義，甚至連女孩也覺得自己是「會遭受到暴力的」、一種「物品」。我在這裡呼籲大家，要教導孩子敬人愛人，甚至做到某種程度的殷勤體貼亦無不可。

我們可能把壞，把那些「不好的」壞完全去除，把所有的壞人從此踢出地球表面嗎？從這點來看，壞似乎已在人類生活中根深柢固，不可能斬草除根了。一個小女生（十二歲）就用她的方式說出了這點：「壞永遠不可能從這個世界上消失，就好像永遠有人有錢，有人沒錢，或永遠有水和火一樣。我們不能把從開天闢地以來就存在的東西拿掉。」抱持著這樣的想法，我們就可以與沉思錄（*Pensées*）的作者帕斯卡（編注）一起這麼問了：是否可以爲了消滅壞人而開殺戒？當然不行，帕斯卡連忙自答：那等於在第一件壞事之上又做了另一件壞事，然後引述奧古斯丁的「*Vince in bono malum*」，亦即「以善服惡」。然無論如何，壞都是不能容忍的，宛如惡疾，比較悲觀的人會認爲它「無藥可救」，而柏拉圖則說這是一種「靈魂的病」。

面對病態的壞（但作惡意識在此情況下並不會完全消失），我們當然可以祭出各種療病的法寶，包括治標和治本的，然而，即使水療和精神藥物是效用極佳的良方，但畢竟也還稱不上仙丹。於是有人（像前陣子的司法部長）主張對那些「性侵壞人」，尤其是累犯，進行——至少是實驗性質的——化學閹割。化學閹割是什麼東西？化學閹割也稱藥物去勢，亦即讓犯人服用環丙孕酮和亮丙瑞林兩種已知可以降低男性睪丸激素的藥物，來降低性犯罪率。司法部已經打算對四十八名假釋中並接受社輔——司法監測——的服刑人做這項實驗；同時也將就此一化學療法的療效進行一項科學研究。

最難打擊的還是日常生活中的壞，一旦這些壞，如前所述，乃循著一組錯綜複雜的因素而作用著。既然如此，與其針對一個病灶對症下藥，有沒有可能透過對某些不良的、有利於滋生歹惡的生活條件（尤其是家庭與學校）加以改善，而將這類行爲所造成的損害減至最小。不過，儘管這麼做是必須的，但仍有不足之處。幸虧，就像動物有一種本能的抑制作用，能使牠們避免發展出太多的侵略性和攻擊同類的欲望，人類也有某種道德上的抑制作用，不許人間出現太多的壞。

編注：Pascal，一六二三～一六六二年，法國數學家、物理學家、神學家、散文家。

壞很容易把矛頭指向未知，譬如，文化、宗教、意識形態、「品種」皆與本地不同的外國人，就是一個好箭靶。柏拉圖常說，無知會生出恐懼，讓我們懼怕那些和自己不一樣的人。動物界有這樣的現象，人的社會也是。譬如，歐洲人在整個中古世紀發展出來的對「猶太人」的深仇大恨；猶太人當時幾乎囊括了所有的反派角色。為了讓猶太人壞得更有理論基礎，人們甚至一路追溯歷史的源頭。猶大是人們最喜歡罵的猶太人之一，都說他先已用石頭打死自己的父親流本，並娶自己的生母為妻，後來又背叛耶穌。此外，當時的人喜歡叫猶太人「毒蛇」，在他們眼中猶太人是一種嗜血的怪物，會用人祭來止渴。各式各樣的謠言圍著猶太人打轉，譬如猶太人會綁架小孩然後撕票。大家不難想像當時罵人「猶太人」可以構成非常嚴重的毀謗罪，是會被告上法庭的，十七世紀時專門買賣舊衣的商人，因為常被認為是從「猶太區」來的，所以名聲特別不好，像是人們會指責他專發戰爭財。

如果我們拒絕指定代罪羔羊，多多和跟我們不一樣的人接觸；如果我們試著去認識對方，就不會再害怕他們了。這樣的和平態勢，在動物之間是有可能的。譬如前面說過的大老鼠和小老鼠，一旦被飼養在一起，彼此的敵意就會消失；大老鼠不但不會再攻擊小老鼠，還會充滿愛心地樂於照顧小小老鼠。為什麼人類就無法見賢思齊呢？當然，為了達到這個目的，還是必須先改變他們的社會關係，讓他們彼此更靠近、更團結，換句話說就是讓他們的關係變好。「所謂好」，黑格爾寫道：「就是責任的內容，亦即人與人之間必要關係所涉及的基本界定，換句話說，也就是這些關係中包含的理性成分。壞人則是那個蓄意破壞這些關係的人(104)。」

懲罰對方或克制自己的壞

西塞羅對壞人絲毫不假慈色：「應該要把人類裡面那些看起來像人，實際上卻像野獸一樣殘酷無情的傢伙除掉(105)。」他還把這當成一種義務。不讓壞人壞事得逞確有其必要，此即懲罰的用意所在。然而，對那些就行爲本身而言並未犯法但該罰的壞，施以懲罰似乎通常效果不彰。阿德勒就主張：「懲罰一點用也沒有，一個人的生活方式，四、五歲以後就固定了，不能說改就改，除非是他自己看出自己的缺點和錯誤(106)。」

還有，要怎麼證明這是一件壞事，讓壞人看到自己的壞心呢？我們前面也提過，如果做壞事的人說「我不是故意的」，我們就很難懷疑他是壞人；唯有經過深思熟慮的行爲，其壞方是眞壞。大家都知道很小的小孩沒有思考能力，所以一旦我們以法官自居，即使是最微不足道的誤判，也有可能招致最嚴重的後果，譬如讓一個假壞人變成俱足意圖、不折不扣的眞壞人。此外，如果行壞的理由是情感上的，那懲罰頂多讓這個行爲暫時退縮罷了，絕對不會有好的結果。乾脆這麼說好了，懲罰對壞的療效，只有在很特殊的情況下才會起作用。

了解壞人的心理是很重要的，一定要設身處地從他的觀點出發；當我們把一個壞行爲的各項動機分析清楚之後，還必須將出現該行爲的各種情境考慮進來，試圖找出行爲背後的眞正需求。下面我們來舉一個由貝爾基博士所提供的例子。這是一名四歲小男孩的故事。這名小男孩對另外一名兩歲半的小女孩有著極深的敵意，就因爲小女孩和他的妹妹同年。小男孩於是將所有對妹妹的攻擊欲望全都轉移到小女孩身上，藉此發洩他的嫉妒心，而對妹妹僅表現出正面的情感。至於另外那個小女孩，則是他可盡情侵略進犯的目標：他想把她的眼睛挖掉，把她切成一小塊一小塊，把她丟到塞納河裡……。那麼要如何改變這個男孩的行爲呢？如果他終於接納了妹妹，是否能從此不再對小女孩有言語暴力？心理學家於是採用了一種稱之爲「對照故事」的技巧，亦即提出一個類似的情境來解決眼前的問題。以下就是諮商人員對小男孩說的故事：從前有個王子，他統治一個非常奇妙的島嶼，島上到處都是長著美麗花朵和香甜水果的奇幻花園。這個島上的居民非常愛戴他們的小王子，常常送他小禮物，而且非常關心他。不料，有一天，一艘失事的船漂到他們的海邊，船上有個小公主。剛開始，小公主被島上的幾個居民藏起來，吃他們摘來的水果，玩他們採來的花。後來，王子終於發現島上藏了一個小公主，於是大發雷霆，決定要把那個女小偷抓出來處死。沒想到才出發不久，就聽到一陣又一陣絕望的求救聲。英勇的王子於是連忙跑上前一看，竟然看到一個小女孩被一隻可怕大海怪緊緊抓住。王子拔出寶劍，一刀把海怪斬成兩半，然後領著小女孩回去他住的宮殿。原來這個小女孩不是別人，正是船難漂到島上來的小公主。於是小公主就在王子的宮殿裡住下來，受到王子的保護和慷慨的招待。島上的人民看到王子這麼做都很高興，爲他喝采，從此又更愛戴他了。而小公主也很慶幸自己找到了一個這麼勇敢又善良的保護者。當然，在說這個故事的時候，說話的人並未對姬姬，也就是被小男孩欺負的那個小女孩，做出任何明顯或含糊的影射，對男孩的妹妹亦如此。沒想到，小男孩不假思索地對這個故事發表了（老實說還蠻令人失望的）評論：「我跟你說，姬姬……我要把她的眼睛挖出來。」幾乎在故事一說完時，他便迫不及待地這麼宣稱。可見這個故事已經命中他的要害。接下來又過了幾天相安無事的日子，直到某次散步回來，小男孩突然很溫柔地對他的爸媽說：「你們知不知道，我有一個新的朋友。」

「眞的……是誰呀？」

「她叫姬姬……是我們大家的好朋友。」

於是他再也不想把她切成一小塊一小塊，或丟進塞納河裡了；男孩心中的殘忍、嫉妒和壞，從此煙消雲散……。

要矯正壞，就必須從良心下手。壞人其實都知道他在幹什麼，如果能讓他的良心眞正感到不安，那我們還可以指望將他身上的惡連根拔除。

但大家請放心，好和壞不見得永遠處於對立的狀態，而且也未必眞如佛洛伊德所言，前者爲「生命衝動」之體現，後者則濫觴於「死亡衝動」。再說，如果壞的出現並非必然意味著好的不存在，同樣地，壞的缺席也不能保證好就一定在場。

壞人，以及其他所有人，也應該試著更了解自己，這樣才能找出自己壞的部分，並加以掌握。

建立社會和個人的新道德：活出玫瑰人生

在一個受自由市場邏輯箝制，唯利是圖的社會裡，想當然耳應該極力鼓吹棄惡揚善的價值，因為，無論站在什麼樣的角度看，壞都是弱者才會用的手段。沒錯，我們也應該努力讓我們的社會更公平、正義。然而，此刻在我們眼前的是什麼？反應式壞在此揭示出了法律在復仇心態節節高漲下步步敗退的窘境。「只要一有攻擊的意思，一點點壞樣子，或不懷好意的暗示，通常就能引起對方勃然大怒，把什麼公不公平、正不正義忘得一乾二淨(108)。」

反應式壞的問題在於，通常它會比那個本來就壞的壞人還要壞。我們前面也看到了，這種人對自己的權益很清楚，做得太超過時也不會有任何的躊躇。所以非讓他重拾正義感不可，並再次學習如何將心比心地對待他人。就像那句深具智慧的老生常談：己所不欲勿施於人。只不過我們也很清楚，要人接受異己是一件相當困難的事情。

無論如何，一個沒有規矩、不講禮義廉恥的社會，早晚要分崩離析的。所以在此要奉勸諸君，將吾人心中的昇華作用多加發揮出來，把那些壞的行為轉化成較值得嘉許的行動，譬如慈善志工、人道救援或環保運動……。

教育工作的重要性

我們應該教導我們的孩子如何生活，但這並不意味著增加對他們的限制。是的，我這裡要強調的其實是群居性。我們應該要告訴他們合群的重要性；這也就是為什麼大人最好避免用傷人或羞辱的言語對孩子說話，也不要嘲笑孩子，因為這些對他們來說都是不折不扣的壞。小孩有時會迫使我們犯錯，讓我們做出不應該的暴力行為，總之就是教我們變成壞人。不過這種情形通常都是因為孩子有哪裡不對勁，我們應該冷靜以對，試著找出癥結所在。

教育者應深諳糾正兒童缺點的技巧，尤其是那做壞的傾向。他首先要對孩子有極大的好奇，想多了解他。因為他的任務異常艱鉅：和抑制作用奮戰、揪出那些被壓抑的思想、導引情感、培養良好習慣。這些，就是一個時時以孩子的利益為念的優秀教育人所面臨的挑戰。別忘了，辨別善惡的制約作用從孩子很小的時候就開始了。

在另外一本拙作中(109)，我曾經描繪一個理想教育家的形象：他絕不受任何偏見的誤導，飽覽各家學說，而且懂得靈活運用。他的判斷力很強，行事態度卻很柔軟。就好像羅賓博士（Dr Gilbert Robin）之前說過的，好的教育家曉得要放下成見，放空自己，給孩子一種並非盲目的最健康的愛，讓孩子得以從中汲取生命的泉源。

作爲一個好的教育者，我們應該要合理地對待孩子——在他看來就是不壞——對他有耐心，信任他，也許直到超乎常情的地步。這些都必須透過溝通來建立。容許他慢慢地進步，又犯錯了也沒關係。他不耐煩，我們就要更禁得起磨蹭；與其一味地生氣，還不如多尋找一些有創意的回應。我們是他的嚮導，而非上司，我們的作法不再像舊式教育那樣，倚仗著一個其實沒有那麼不可質疑、那麼合法的權威；今天，我們不會以外在權力機構的化身來介入，而是盡量利用我們自身的優點。我們應該成爲孩子的朋友，但這意思不是從前人想像中的那種「稱兄道弟」。對孩子既不可放縱，亦宜避免專制；縱容讓他有做壞的機會，專制則會激發他的攻擊衝動。奧古斯特（十三歲）說得好：「太嚴厲或太寬容，保證都會招來反抗。」

如果上面說的都做得到，那我們的下一代肯定都是「好人」，一點都不壞。大人要隨時隨地做孩子的榜樣，但這和無所不能或自滿自足毫不相干。別忘了我們之所以是大人，在於我們知道自己可能會犯錯。

一個小小的建議，別要求孩子「不可以壞」，而是要他「當好人」。建議他去做一些能力範圍內的好事，讓他藉此成長，並對團體做出貢獻。去除小孩身上那種做壞傾向的最好方法，就是爲他製造可以和平地消耗體力的機會。信任他：如果他對某個親人做出了什麼壞事，那就派他去完成一個跟互助合作有關的任務，激起他的慷慨之心。於是，壞的傾向就會逐漸被轉化爲正面的、利他的社交傾向。就像貝爾基博士說的：「積極的作法是，與其去克服缺點，還不如讓那些強而有力的優點萌芽[110]。」要讓孩子明白，做壞的想法不僅可恨，有這種想法的人也會因此而悶悶不樂。

當壞人變成好人……

變成好人的壞人，尙萬強就是其中之一；「在苦役牢裡，他是兇惡、陰沉、寡欲、無知、粗野的[111]。」出獄後，他孑然一身，沒有人願意收留他，招待他；枉費他身上雖有盤纏，但也有那張表示此人坐過牢的黃色身分證，以及那揮之不去的「危險人物」的壞名聲。就在此時他碰到了迪涅主教願意收留他。不料第二天一早，他還是逃跑了，還偷走主教家中一整籃的銀器。後來遭憲警攔截，帶回去見主教，主教只說銀器是他送給尙萬強，尙萬強因此立即被釋放。從那一刻起，雨果寫道，這人便陷入一種「他自身的凶惡和那人的慈善間」的鬥爭之中。他心裡有個聲音對他說：「此後他如果不做最好的人，就會做最惡的人……如果他情願爲善，就應當做天使，如果他甘心爲惡，就一定做惡魔。」後來當尙萬強遇到珂塞特，他可以說是徹底地轉性了。他先是將小女孩從德納第夫婦的魔掌中救出來，接著又待她如親生女兒一樣。從那時起，儘管不能完全忘卻人間的壞，至少他覺得人是「善良而正義」的。

接下來幾個實際生活中的例子，也許能夠讓我們更看清兒童心態是透過什麼樣的機制在轉換的。譬如，有個問題少女（十一歲半），特立獨行，非常冷漠。家人都覺得她很壞，還跟她說她就是這樣了。於是這名女生的態度愈來愈強硬。後來她的心理醫師建議她的父母要多了解女兒，更重要的是，要對她有信心。不久之後，少女發現家人態度有了明顯的轉變，心中感到安定，也開始變得比較有感情。另外一例是有個男孩（十歲）非常嫉妒才出生幾個月的弟弟，會去推他、捏他，用手指戳他的眼睛。男孩甚至怨恨自己的雙親，對他們很粗野，罵他們髒話；接下來，整個人開始陷入一種憂鬱症的狀態，不吃東西，而且有自殺的想法，原本對他人的壞至此將矛頭指向自己。事實上，這個男孩覺得被拋棄，認爲母親對自己不再像過去那樣感興趣。

最後一個例子是貝特罕提供的，關於一個七歲小男孩哈利的故事。話說哈利一天到晚逃學，還常常做出一些非常危險的動作。他的母親再也受不了了，認爲他實在是

「全世界最壞的小孩」。後來，他的調皮搗蛋簡直已到了不勝數的地步，貝特罕寫道：「……企圖在他其中的一個妹妹的頭髮上點火，另外一個妹妹則是被他嚴重弄傷過好幾次。他還常威脅要殺死媽媽，拿菜刀刺進她的心臟，而且這是一個說得到做得到（至少一次）的小孩(112)。」

好人變壞，壞人變好，人類的行為是說不準的。戲劇性的改邪歸正和令人跌破眼鏡的棄善從惡，大家應該都有所耳聞。譬如，納粹集中營裡那些人人敬重的好好先生，突然搖身一變成虐殺同類的劊子手，或原來出了名的大壞蛋，轉眼間竟能慈悲為懷。由此可見，天使和魔鬼的區別其實沒有我們想像中的那麼斬釘截鐵！「我見過一名年輕的軍官，」羅倫茲回憶道。「看起來是很優秀的男孩，卻陷入了最徹底的墮落，整個人完全迷失，結局就是死路一條。他不再洗澡、偷吃別人的食物，行為舉止百分之百地反社會(113)。」

最後，我們還忘了一項對抗壞人壞事的「絕招」，那就是愛。愛世人，也愛自己——讓我們不至於走上自戕的不歸路。甚至，我們可以把那些愛群的行為，歸功於一種深刻的愛己之心。馬勒伯朗士（編注一）認為：「如果人沒有辦法不愛自己，那麼至少要好好地愛。」所以說，將自愛和愛人比喻成自私與利他主義，讓兩者對立起來，這樣做是沒有意義的，因爲任何一個皆無法獨存。還有那父母對兒女的愛，讓孩子因此感到安全而充滿信心，由此發展出優質的情緒管理。愛，還有那對眾生之愛，對天地之愛。

若說人類天賦裡也有正面積極的情感，愛即其中之一。愛還可以衍生出別的品德，例如溫柔和慷慨。愛讓婚姻生活充滿和諧，譬如《伊利亞德》（*Iliade*）第六卷中的海克托與安卓美姬。由此觀之，荷馬時代的婚姻關係可能永浴愛河的還是居多數。奧維德（編注二）筆下的費萊蒙和鮑西絲，亦見證了古羅馬時期高度發展的夫婦之愛。中古世紀流行的是宮廷愛，然後是「慈愛」；照笛卡兒的說法，就是「激勵我們去追求所愛對象的幸福」，和「欲求之愛」大相逕庭，因爲後者僅侷限於將所愛對象當成一種事物來渴求，更不用提薩德侯爵說的那種殘酷的浪蕩之愛。

讓我們繼續夢想世上人皆美，世上人皆好的境界吧，夢想世界上的每一個國家和民族都能和平相處。恨是一種——用賽林（Céline）的話來說——「令人駭然的錯」。人確實很壞，那又如何？他們一心想變好呢！我們應該要相信人與人彼此間的愛。「強

編注一：Nicolas Malebranche，一六三八～一七一五年，法國哲學家。

編注二：Ovide，西元前四三～一四年，古羅馬詩人。

迫他們一起去造一座塔，」聖修伯里（Saint-Exupéry）寫道。「就能把他們全變成傳教士。」「目標一致，共同成長，唯有在這樣的條件下，方有愛可言。」德日進神父（Teilhard de Chardin）亦如是言。大家還記得「以馬忤斯會士（譯注二）」有一條生活守則：「面對所有人類的苦難，你應該依你的能力，不僅要盡快地解救苦難，還須摧毀苦難的成因；不僅要摧毀苦難的成因，還須盡快地解救苦難(114)。」最後，不妨以莫里亞克在《馮特納克家的奧祕》中一段很精采的描述來總結。當書中的小弟看見一隻昆蟲掉進蟻獅的陷阱而垂死掙扎時，頓悟到這個世間的惡，於是放了那隻昆蟲——「在這個醜陋的世界秩序中，愛帶來了值得崇敬的騷動(115)。」

有了愛，當然更要培養慈悲心。此一極受英國哲學家休謨（David Hume）重視的品性，應爲人類處世行止的活水泉源。慈悲是一種「溫和的熱情」，令我們以他人的利益爲念；就讓我們爲這種熱情所席捲，讓心中那「對同胞的關懷」沛然而生，一如休謨所言。讓我們不厭其煩地讚美好人，並表達出對壞人的厭惡，甚至鄙視他們。

最後，我們可以很確定地說，當人與人之間的關係受到某些小惡小壞的碰撞時，即使是最微小的關愛，也有助於其軟化和修復。

結論

壞是好的一部分。

雨果《悲慘世界》

這本書寫到現在，我們是否對壞人有了更多的認識？雷蒙．阿宏(編注二)認爲「所有用來回答某個問題的答案，只會引來更多的問題，而且有可能將我們帶回原點，回到最初的質疑，只不過提問的方式將更縝密、更有技巧(116)。」無論如何，下面我們還是可以就目前已經得到的幾項結論，簡單地回顧一下。

譯注一：Compagnons d'Emmaüs，由法國「窮人之友」皮耶神父於一九四九年創辦的慈善基金會，專門幫助社會上最窮困的一群，尤其是無住屋者。

編注二：Raymond Aron，一九〇五～一九八三年，法國著名哲學家和社會學家。

首先，壞是人類的專利；動物也許殘忍、野蠻，人類的小孩也可能露出令人討厭、攻擊性十足的樣子，但他們並不曉得要怎麼「壞」，因爲兩者都不具備作惡必須的道德意識和蓄意傷害之心。「及至目前爲止，人之較其他動物高等主要是透過兩種形式來表現，」尼采寫道。「一是『深沉的』靈魂，一是『壞』。」

其次，壞和善一樣，都是我們從人類老祖宗那邊接收來的遺傳，是人性的一部分，只不過壞性更傾向在一些特殊的情況下發揮作用。這就是爲什麼我們用會「反應式」來稱呼某種形式的壞。壞既深植人的內心，所以無法避免；不過，因爲它會根據外來的傷害而產生蛻變，所以有可能被減低到最少。不過這就要看社會整體的意願了。

其三，我們還確認了只有在蓄意的狀況下，才有壞可言。事實上，壞的前提就是意向性（intentionnalité）；此言既出，我們可是一竿子把某種文獻中那些到處都是的非自願性壞人給全看扁了。

其四，我們還發現了原來沒有絕對的壞，一切的壞都是相對的，並且也沒有什麼天生的壞人，或那種體質異於常人，只會想歪和做壞的大壞蛋。然而，依康德之見，如果說這個世界上存在著根本性的惡，同樣地我們也必須承認有種很嚴重的犯罪性或戰爭性的壞。

這個世界上充滿了無以名之的暴行、慘絕人寰的悲劇、無辜的受害人和不計其數的苦難。也許這就是爲什麼人們習於將壞當成是命中注定，任其擺佈。但人類眞的那麼不可救藥嗎？我們是很難想像一個好人要如何在這個地球上生存。何況，如果眞有人願意一直「恰如其分」地做人處事，也許到最後還是沒有人會受得了他。

我們很有理由懷疑人是不是永遠不可能完全成爲一種和平且寬容的生物。首先，因爲他所生活的社會就不完美，不斷地用各種偏見來壓迫他：「就算我們可以想像一個完全平等的社會，但人的性情會變，甚至有時因爲遭遇到不幸或由於不可抗拒的力量，而朝不好的方向發展。」凱瑟琳（三十歲）這麼認爲。再者，人類永遠需要將他的攻擊性發洩到另一個人或另一群人身上。我們知道，戰爭在很長的一段時間裡一直是（其實目前偶爾也會）吸收這種攻擊性的管道，然而現在的戰爭比起從前少很多，至少在西方國家裡是如此，再加上如今戰爭不如過去激烈（常常是機器在那邊打來打去），於是現代人的攻擊衝動很少有被滿足的時候。既然如此，爲什麼我們不能想辦法將我們那些「不好的」衝動移轉爲積極作爲的動力呢？

壞人？列維有次被記者問到一個關於好人壞人的問題，他的回答是：「怎麼說呢？是有些人好有些人不好嗎？還是每個人都是好和壞的混合體(118)？」總之，可以確定的是人並非百分之百的天使，他還能從自己所做的壞事中獲得快感，並喜歡看一些殘忍的畫面。如果說我們都是半人半獸的尙萬強呢？雨果說尙萬強：「身上有個褡褳，一頭裝著聖人的思想，一頭裝著囚犯的技巧，他可以斟酌情形兩頭選擇[119]。」又說：「世界上沒有壞草，也沒有壞人，只有壞的莊稼人」；《化身博士》裡面那個入夜之後就會變成邪惡的海德的吉基爾博士，也是一半天使一半野獸。還有佩羅[編注]筆下的藍鬍子；以及電影《我的嬸婆》裡面那個老太太丹妮爾：原本脾氣古怪，極難伺候的她，突然搖身一變，對前一分鐘還被她臭罵的女看護伸出援手，給她一大筆錢去修車，還送人家胸針——雖然目的在和女孩交換條件，讓她一直陪著她。接著劇情急轉直下，當嬸婆得知女孩打算跟路過巴黎的美國男友一起共度週末，簡直氣瘋了；她不但把姪子的公寓搗爛，末了還放一把火。被送進養老院之後，一個工作人員說她「沒有一個老太婆不被她弄哭的」，不過嬸婆還是逃離了這個她不喜歡的地方。電影結束時我們看到她出現在一座高山上的小木屋前，旁邊坐著跟她情投意合的女看護……。

對科學家來說，人天生既不好也不壞；善良和兇惡都是培養出來的；此說削弱了盧梭關於孩子是無辜的假設，以及佛洛伊德主張的兒童乃多型性變態之心理學。由此可見我們每個人的內心同時有多好和多壞。尼采說：「一個人生命中最重要的時期，就是當他有那個勇氣像面對自己最好的部分那樣面對內心的壞[120]。」到頭來，也許我們可以說有些人不過是比其他人壞而已。像最近一部剛上映的以希特勒爲題材的電影《帝國毀滅》（*La Chute*），某些影評指責該片的德籍導演將希特勒表現得「太人性化」。但是，我們稍加思考一下，爲什麼把希特勒人性化會是個問題呢？譬如，他對自己的女祕書其實很殷勤，很愛他的狗，或不贊成貼身保鑣出手痛打那些想太靠近他的人，這些都不可以演嗎？無論如何，希特勒也是個人，跟我們大家都一樣。當然，如果能夠透過移情作用，將我們全部的恨都發洩到某個特定的絕對壞人身上，是很有振奮人心的效果。因爲大家藉此也可以將自己的壞，或說罪惡感，順便一筆勾銷。不然，盟軍其實很早就知道納粹在集中營屠殺猶太人，卻未能採取行動阻止這樣的野蠻行徑，這又該如何解釋呢？若不是這些例子，我們又怎麼衡量人類有多複雜，發現原來他是受到各種最矛盾、從最壞到最好的情感的驅使？總之，也許透過人性的角度來看獨裁者希特勒，我們對這個人所體現的一切暴行，才能有更深刻的了解，要知道這個普普通通的奧地利小軍官，

編注：Perrault，法國詩人。藍鬍子是其所創作的童話，同時也是故事主角的名字；藍鬍子娶了很多妻子，並將她們殺害。

雖然沒有什麼才華，但也曾經夢想成爲畫家，是後來才「變壞的」。列維說得好：

其實納粹陣營裡，眞正的殺人狂、精神病患或劊子手並不多，大部分都是麻木不仁的服從者。他們並不特別喜歡殺人，卻能接受這項任務。他們都是某種學校教育下的產物……總而言之，我是沒碰過殺人魔，卻看到很多公務員，但他們的行爲宛如殺人魔[121]。

壞事？我們可否用費奈隆[編注]形容戰爭的話來說它是「一種讓人類臉上無光的惡」？無庸置疑的是，至目前爲止沒有任何一個文明能夠制服它，沒有一個傳授智慧的哲人有本事抵擋它那滔滔而至的攻勢。想當初耶穌被釘上十字架，那些負責行刑的羅馬士兵光是看到犯人斷氣還不滿足，一定還要讓犯人受苦，在極痛苦中死去。能怎麼辦？身爲心理學家兼精神科大夫的米切利希早就說過了：「誘導世人競逐好人好事楷模？這種作法，說實在的一點用處也沒有[122]。」

但壞事做了是不是有什麼用，甚至一石二鳥之用？我們這麼說，是想提醒大家它也許具備了某種功能。壞當然有用。第一個受益者自然是壞人；壞人做了壞事可以增加人脈、財富、影響力和權力。你們看那些政客有哪個不壞的?馬基維利說爲人君者乃「半人半獸」,說他「必須學習爲壞之道」,可見使壞對統治者沒有什麼不好——其實對一般人也不會差到哪裡去,「這些和惡的碰撞可以讓我們變得更堅韌,幫助我們進步,」香達兒如此認爲:「壞讓我們不用去仰仗別人,自己爬起來,面對生活的挑戰。」這證明了蘇格拉底所說的唯「善」可「用」是不對的,「壞」其實也可用,而且非常好用。此外,壞對社會道德也有用處:透過反差效果,它可以讓「好人好事」看起來更有說服力。

當然,壞都是對照、比較來的。不過,我們也絕無可能接受尼采的說法;尼采既不相信惡,所以也不會去宣揚它,但他倒是曾挺身爲壞做過一場非常精采的辯護:「吾人以爲,殘酷、暴力、奴役……虛僞……詭計和各式各樣的陰謀,一切可稱得上惡劣、可怕、專橫的,一切人從毒蛇和猛獸那邊學來的東西,皆同時有利於人類的提升和墮落(123)。」他認爲人的習氣乃天生自然,所以沒有理由對惡端另眼看待,亦無須企圖矯正

編注:François Fénelon,一六五一~一七一五年,法國天主教神學家。

之。《朝霞》（譯注）的作者甚至追問道：對這些習氣的唾棄，難道事實上不是一種對生命的揚棄？這是不可行的。總而言之，儘管一心要超越善惡之別，但尼采還是——甚至蠻志同道合地——比較站在惡的那邊，鼓吹嚴峻、殘酷、「卓越之壞」等應善加保存的「高級文化」的道德特徵；尼采根據他那套顛倒過來的價值觀，把好人說成庸人，弱者說成壞蛋。在他看來，人類最大的危險不在壞人，而是弱者，尤其是那些「病夫」，這些人正是一場反強者的、「最壞的陰謀」的始作俑者。這麼危險的思考方式，教我們如何能夠接受？

當然，關於壞人壞事的討論，我們可以一直進行下去而永遠沒有結論。因爲壞這種東西能夠撩動我們，觸及我們的心靈最深處。

譯注：*Aurore*，德文原書名爲*Morgenröte – Gedanken über die moralischen Vorurteile*（《朝霞：道德偏見之反思》），是尼采一八八一年的作品。

附錄

一份簡單的參考書目

ADLER, Alfred. *Psychologie de l'enfant difficile*（《問題兒童心理學》）, Paris, Petite bibliothèque Payot, 1952.

AUTRET, Florence. *Les Manipulateurs*（《操縱者》）, Paris, Denoël, 2003.

BAZIN, Hervé. *Vipère au poing*（《毒蛇在握》）, Paris, Le Livre de poche, 1948.

BERGE, André. *Les Défauts de l'enfant*（《兒童的缺點》）, Paris, Petite bibliothèque Payot, 1953.

BETTELHEIM, Bruno. *Psychanalyse des contes de fées*（《童話心理分析》）, Paris, Robert Laffont, coll. Réponses, 1976.

_________. *Évadés de la vie*（《生命的逃兵》）, Paris, Le Livre de poche, 1994.

BRONTË, Charlotte. *Jane Eyre*（《簡愛》）, Paris, Le Livre de poche, 1964.

CAILLOIS, Roger. *Instincts et Société*（《本能和社會》）, Paris, Gonthier, Bibliothèque médiations, 1964.

CICÉRON. *De la vieillesse, de l'amitié, des devoirs*（《論老年、友誼和義務》）, Paris, GF-Flammarion, 1967.

CYRULNIK, Boris. *Mémoire de singe et paroles d'homme*（《猴子的記憶與人的話語》）, Paris, Hachette, coll. Pluriel, 1998.

_________. *la Fabuleuse Aventure des hommes et des animaux*（《人類和動物的奇妙冒險》）, Paris, Hachette, coll. Pluriel, 2003.

DANTE. *La Divine Comédie*（《神曲》）, Paris, Albin Michel,

1950.

DESCARTES, René. *Les Passions de l'âme*（《激情與靈魂》）, Paris, GF-Flammarion, 1996.

DI NOLA, Alfonso M., 前言, Erberto PETOIA. *Vampiri e Lupi mannari*（《吸血鬼與狼人》）, Rome, Newton Compton, 1991.

FLAHAULT, François. *La Méchanceté*（《壞性》）, Paris, Descartes & Cie, 1998.

FOUCAULT, Michel. *Surveiller et punir*（《監視和懲罰》）, Paris, Gallimard, 1975.

FREUD, Sigmund. *L'Homme aux loups*（《狼人》）, Paris, PUF, coll. Quadrige, 1990.

GRIMM, Jacob et Wilhelm. *Le Petit Chaperon rouge et autres contes*（《小紅帽及其他的童話》）, Paris, GF-Flammarion, 1999.

_________. *Contes*（《童話集》）, Paris, Classiques Hachette, 2004.

HEGEL, Georg Wilhelm Friedrich. *Propédeutique philosophique*（《哲學預備教育》）, Paris, Éditions de Minuit, 1963.

HIRIGOYEN, Marie-France. *Le Malaise dans le travail, harcèlement moral: démêler le vrai du faux*（《工作中的困境，精神騷擾：辨別眞僞》）, Paris, Editions La Découverte & Syros, 2001.

HUGO, Victor. *Les Misérables*（《悲慘世界》）, Paris, Le Livre de poche classique, 1995.

KANT, Emmanuel. *La Religion dans les limites de la simple raison*（《簡單理性之宗教》）, Paris, Librairie philosophique J. Vrin, 2000.

KLEIN, Mélanie. *Essais de psychanalyse*（《心理分析簡論》）,

Paris, Payot, 2005.

LA FONTAINE, Jean de. *Fables choisies*（《寓言精選》）, Paris, Classiques Larousse, 1971.

LAUVERGNE, Hubert. *Les Forçats considérés sous le rapport physiologique, moral et intellectuel, observés au bagne de Toulon*（《杜隆監獄的苦役犯——以生理、道德與心智的角度視之》）, Paris, J. Millon, 1841.

LE BON, Gustave. *Psychologie des foules*（《群眾心理學》）, Paris, Félix Alcan, 1905.

LEIBNIZ. *Essais de théodicée*（《神正論》）, Paris, GF-Flammarion, 1969.

LEVI, Primo. *Le Devoir de mémoire*（《記憶的責任》）, Paris, Mille et une nuits, 1995.

LORENZ, Konrad. *L'Agression*（《攻擊的祕密》）, Paris, Flammarion Champs, 1977.

_________. *Entretiens*（《訪談錄》）, Paris, Stock, 1976.

MACHIAVEL. *Le Prince*（《君王論》）, Paris, Le Livre de poche, 1980.

MITSCHERLICH, Alexander. *L'idée de paix et d'agressivité humaine*（《和平概念與人類的侵略性》）, Paris, Gallimard, coll. Idées, 1970.

NIETZSCHE, Friedrich. *Par-delà le bien et le mal*（《超越善與惡》）, Paris, Le Livre de poche, 1991.

_________. *La Généalogie de la morale*（《道德譜系學》）, Paris, Gallimard, coll. Folio essais, 1985.

PASINI, Willy. *La Méchanceté*（《壞人壞事》）, Paris, Petite

bibliothèque Payot, 2004.
PLATON. *Hippias mineur*（《論謊言》）, Paris, Les Belles Lettres, coll. Classiques poche, 2002.
__________. *Corgias*（《高爾吉亞篇》）, Paris, GF-Flammarion, 1967.
PONTALIS, J.-B. （《dir.》）. *L'Amour de la haine*（《怨恨之愛》）, Paris, Gallimard, coll. Folio essais, 2001.
PROUST, Marcel. *À la recherche du temps perdu*（《追憶逝水年華》）, Paris, Bibliothèque de La Pléiade, 1954.
ROUBERTOUX, Pierre. *Existe-t-il des gènes du comportement?*（《有所謂的行爲基因嗎》）, Paris, Odile Jacob, 2004.
ROUSSEAU, Jean-Jacques. *Emile ou De l'éducation*（《愛彌兒或論教育》）, Paris, Flammarion, 1966.
SPINOZA, Baruch. *«Éthique», Œuvres, vol. III*（作品全集第三卷《倫理學》）, GF-Flammarion, 1993.
ZOLA, Emile. *La Fortune des Rougon*（《盧貢家族的發跡》）, Paris, Le Livre de poche, 1957.

原注

1. Carl JUNG, *Présent et Avenir*（《現在與未來》）, Paris, Buchet-Chascel, 1962, p. 146.
2. Victor HUGO, *Les Travailleurs de la mer*（《海上勞工》）, Paris, Le Livre de poche, 1965, p. 244, 下段引述見p. 462.
3. Georg Wilhelm Friedrich HEGEL, « Doctrine des devoirs, ou

morale »（《責任或道德原理》）, *Propédeutique philosophique*（《哲學預備教育》）, Paris, Éditions de Minuit, 1963, p. 79. 尼采並不同意這樣的觀點，認爲我們不能用事物或價值的反面來定義它們本身。

4. Friedrich NIETZSCHE, *La Généalogie de la morale*（《道德譜系學》）, Paris, Le Livre de poche, 1985, p. 39, 下段引述見 p. 38-39.
5. Friedrich NIETZSCHE, *Par-delà le bien et le mal*（《超越善與惡》）, Paris, Le Livre de poche, 1991, p. 343.
6. Marcel PROUST, *À la recherche du temps perdu*（《追憶逝水年華》）, Paris, Bibliothèque de La Pléiade, 1954, 第二卷, p. 835, 下段引述見第二卷, p. 178以及第三卷 p. 655.
7. Willy PASINI, *La Méchanceté*（《壞人壞事》）, Paris, Petite Bibliothèque Payot, 2004, p. 87.
8. Primo LEVI, *Le Devoir de mémoire*（《記憶的責任》）, Paris, Mille et une nuits, 1995, p. 63.
9. Paris, Larousse字典, 1971.
10. Christian GODIN, *Dictionnaire de la philosophie*（《哲學詞典》）, Paris, Fayard/Éditions du temps, 2004.
11. Robert GQRDIENNE, *Dictionnaire des mots qu'on dit «GROS»*（《所謂的髒話字典》）, Paris, Hors Commerce, 2002, p. 302-303.
12. Alain DUCHESNE, Thierry LEGUAI, *Santé paillasse ! Le sens caché des mots de la langue française*（《法文字的隱義》）, Paris, Larousse, 2004, p. 201.
13. Jean-Paul COLIN, *Dictionnaire des difficultés du français*（《法

文難題字典》）, Paris, Le Robert, 2004, p. 341.

14. Emile GENOUVRIER, Claude DESIRAT, Tristan HORDE, *Dictionnaire des synonymes*（《同義字字典》）, Paris, Larousse, 2003, p. 441.

15. Henri BERTAUD du CHAZAUD, *Dictionnaire des SYNONYMES et CONTRAIRES*（《同義字暨反義字字典》）, Paris, Le Robert, 2001, p. 466.

16. Konrad LORENZ, *L'Agression*（《攻擊的祕密》）, Paris, Flammarion Champs, 1977, p. 23,下段引述見 p. 32.

17. Sigmund FREUD, *L'Homme aux loups*（《狼人》）, Paris, PUF, 1990, 以下三段引述見p. 11-13.

18.由本書作者策劃的調查，於二○○四年十一月二十四日在巴黎一所國中裡進行。調查對象包括兩班國一生共六十名學生（十一～十二歲），其中一班學業表現較優，另一班平平。

19.以下舉例中的人名均爲化名。

20. René DESCARTES, *Les Passions de l'âme*（《激情與靈魂》）, Paris, GF-Flammarion, 1996, p. 151.

21. Jean-Jacques ROUSSEAU, *Discours sur l'origine et les fondements de l'inégalité parmi les hommes*（《論人類不平等的起源和基礎》）, Paris, Gallimard, 1985, p. 71.

22. Georges BERNANOS, *Les Grands Cimetières sous la lune*（《月光下的大墳場》）, Paris, Le Livre de poche, 1938, p. 13.

23. Victor HUGO, *Les Misérables*（《悲慘世界》）, Paris, Le Livre de poche classique, 1995, 第一卷, p. 216.

24. Friedrich NIETZSCHE, *La Généalogie de la morale*（《道德譜系學》）,前引書, p. 10.

25. Alexander MITSCHERLICH, *L'idée de paix et d'agressivité humaine*（《和平概念與人類的侵略性》）, Paris, Gallimard, 1970, p. 184-185.

26. 善有很多敵人，不僅尼采作如是觀，黑格爾也這麼主張：「傾向和癖好就其本質而言，並無好壞可言，換言之，它們只是一種被人所不可救藥地擁有的自然元素。」見《哲學預備教育》, 前引書p. 66.

27. Friedrich NIETZSCHE, *Par-delà le bien et le mal*（《超越善與惡》）,前引書, p. 166.

28. Victor HUGO, *Les Misérables*（《悲慘世界》）, 前引書, p. 174.

29. Bruno BETTELHEIM, *Psychanalyse des contes de fées*（《童話心理分析》）, Paris, Robert Laffont, 1976, p. 60.

30. Konrad LORENZ, 前引書, p. 210.

31. Jean-Henri FABRE, *Histoire d'insectes*（《昆蟲的故事》）, Paris, Librio, 2001, p.22.

32. G. W. Friedrich HEGEL, 前引書., p. 27.

33. Konrad LORENZ, *Entretiens*（《訪談錄》）, Paris, Stock, 1976, p. 19,下段引述見 p. 16.

34. Friedrich NIETZSCHE, *Par-delà le bien et le mal*（《超越善與惡》）, 前引書, p. 362-363.

35. 摘自Philip Roth的訪談紀錄，見*The New York Review of Books*（《紐約書摘》）, septembre 1986.

36. Sigmund FREUD, 前引書., p. 60.

37. ÉPICURE, *Fragment*（《殘篇》）n° 374.

38. G. W. Friedrich HEGEL, 前引書., p. 85.

39. Sigmund FREUD, 前引書, p. 14.

40. Friedrich NIETZSCHE, *Par-delà le bien et le mal*（《超越善與惡》）, 前引書., p. 113.

41. Paru Vendu（《現登現賣》週刊）第13期, 2004年12月9日.

42. Télé 7 jours（《電視周刊》）, 2004年12月5-9日.

43.此觀點的深入探討可參考本書作者的另一著作*Les Interdits, fondements de la liberté*（《禁忌，自由的根基》）, Paris, Les Presses de la Renaissance, 2004.

44. Victor HUGO, *Les Misérables*（《悲慘世界》）, 前引書., p. 219.

45. G.W. Friedrich HEGEL, 前引書, p. 79.

46. Emmanuel KANT, La Religion dans les limites de la simple raison, Paris, Vrin, 2000, p. 50.

47. Roger CAILLOIS, *Instincts et Société*（《本能和社會》）, Paris, Gonthier, 1964, p. 11 et 34.

48. G.W. Friedrich HEGEL, 前引書, p. 78-79.

49. Victor HUGO, *Les Misérables*（《悲慘世界》）, 前引書, p. 18.

50. Friedrich NIETZSCHE, *La Généalogie de la morale*（《道德譜系學》）,前引書, p. 65.

51. CICERON, «Des Devoirs III»（〈道德說 III〉）, *De la vieillesse, de l'amitié, des devoirs*（《論老年、友誼和義務》）, Paris, GF-Flammarion, 1967, p. 200-201.

52. Amélie NOTHOMB, *Biographie de la faim*（《飢餓傳》）, Paris, Albin Michel, 2004, p. 135.

53. Victor HUGO, *Les Misérables*（《悲慘世界》）, 前引書, p. 122.

54. Nicolas MACHIAVEL, *Le Prince*（《君王論》）, Paris, Le Livre de poche, 1983, p. 48.

55. G. W. Friedrich HEGEL, 前引書, p. 21.

56. Victor HUGO, *Les Misérables*（《悲慘世界》）, 前引書, p. 159.

57. René DESCARTES, 前引書, p. 167.

58. Victor HUGO, *Les Misérables*（《悲慘世界》）, 前引書, p. 176-177.

59. 同上., 下段引述見p. 58, 59.

60. Hervé BAZIN, *Vipère au poing*（《毒蛇在握》） Paris, Le Livre de poche, 1948, p. 28.

61. René DESCARTES, 前引書, p. 168.

62. Charlotte BRONTË, *Jane Eyre*（《簡愛》）, Paris, Le Livre de poche, 1964, p. 39.

63. Victor HUGO, *Les Misérables*（《悲慘世界》）, 前引書, p. 387, 以下三段引述見p. 433, 389 et XII （《préface》）.

64. Alfred ADLER, *Psychologie de l'enfant difficile*（《問題兒童心理學》）, Paris, Petite bibliothèque Payot, 1952, p. 53.

65. VOLTAIRE, *Dictionnaire philosophique*（《哲學辭典》）, Paris, Classiques Garnier, 1954, p. 301.

66. Victor HUGO, *Les Misérables*（《悲慘世界》）, 前引書, p. 161.

67. Hervé BAZIN, 前引書, p. 233, 下段引述見p. 252.

68. Primo LEVI, *Si c'est un homme*（《如果這是個人》）, Paris, Presses Pocket, 1990, p. 57.

69. Hervé BAZIN, 前引書., p. 161.

70. Victor HUGO, *Les Misérables*（《悲慘世界》）, 前引書, p. 94.

71. G. W. Friedrich HEGEL, 前引書, p. 38.

72. Sigmund FREUD, lettre à Wilhelm Fliess, février 1897（〈一八九七年二月給Wilhelm Fliess的信〉）, 見Jacques BÉNESTEAU, Mensonges freudiens（《佛洛伊德式謊言》）, Bruxelles, Pierre Mardaga, 2002, p. 32.

73. Didier ANZIEU, « La scène de ménage »（〈夫妻吵架〉）, 見J.-B. PONTALIS （《dir.》）, *L'Amour de la haine*（《怨恨之愛》）, Paris, Gallimard, 2001, p. 323.

74. Michel FIZE, *Le Cabinet*（《事務所》）, Paris, Arléa, 2001.

75. Erik ORSENNA, *Une Grammaire est une chanson douce*（《文法是首溫柔的歌》）, Paris, Stock, 2001, p. 61.

76. Michel FIZE, *Les Interdits*（《禁止》）, Paris, Les Presses de la renaissance, 2004.

77. Emile ZOLA, *La Fortune des Rougon*（《盧貢家族的發跡》）, Paris, Le Livre de poche, 1957, p. 48. Nos italiques.

78. Victor HUGO, *Les Travailleurs de la mer*（《海上勞工》）, 前引書, p. 334.

79. Emile ZOLA, 前引書, p. 375.

80. Victor HUGO, *Les Misérables*（《悲慘世界》）, 前引書, p. 98.

81. Alexander MITSCHERLICH, 前引書, p. 87.

82. Sigmund FREUD, *L'Homme aux loups*（《狼人》）, 前引書, p. 53.

83. Jean-Jacques ROUSSEAU, 前引書, note IX.

84. Victor HUGO, *Les Misérables*（《悲慘世界》）, 前引書, p. 183.

85. Emile ZOLA, 前引書, p. 361.

86. Victor HUGO, Les Misérables（《悲慘世界》）, 前引書, p. 173.

87. René DESCARTES, 前引書, p. 201-211.

88. Konrad LORENZ, *L'Agression*（《攻擊的祕密》）, 前引書, p. 280.

89. Konrad LORENZ, *Entretiens*（《訪談錄》）, 前引書, p. 74-75.

90. 摘自«Version Fémina»（〈費米娜觀點〉）, Le Journal du dimanche（《週日報》）, 2005年1月16日.

91. 即「大麻油」的簡稱，是一種將印度大麻或北美大麻泡在酒精或乙醚中製成的溶液。

92. Emile ZOLA, 前引書, p. 203, 下段引述見p. 239.

93. Michel FOUCAULT, *Surveiller et punir*（《監視和懲罰》）, Paris, Gallimard, 1975.

94. Victor HUGO, *Les Travailleurs de la mer*（《海上勞工》）, 前引書, p. 329.

95. Victor HUGO, *Les Misérables*（《悲慘世界》）, 前引書, p. 485.

96. François FLAHAULT, *La Méchanceté*（《壞性》）, Paris, Descartes & Cie, 1998, p. 17.

97. Emile ZOLA, 前引書, p, 74, 下段引述見p. 70.

98. Victor HUGO, *Les Misérables*（《悲慘世界》）, 前引書, p. 160.

99. Nicolas MACHIAVEL, 前引書, p. 80.

100. « Pourquoi le mal ? »（〈爲何惡？〉）, 收錄在 *Le Mal*（《*ouvrage collectif*》）（《惡》〔合集〕）, Paris, Gallimard,

2002, p. 420-421.

101. Nicolas MACHIAVEL, 前引書, p. 38.

102. Henry de MONTHERLANT, *Service inutile*（《無用的幫忙》）, Paris, Grasset, 1935, p. 117.

103.同上, p. 140-141, 下段引述見p.140, p233.

104. G.W. Friedrich HEGEL, 前引書, p. 216.

105. CICÉRON, 前引書, p. 221.

106. Alfred ADLER, 前引書p. 25.

107. André BERGE, *Les Défauts de l'enfant*（《兒童的缺點》）, Paris, Petite Bibliothèque Payot, 1953, p. 141-142.

108. Friedrich NIETZSCHE, *La Généalogie de la morale*（《道德譜系學》）,前引書p. 81.

109. Michel FIZE, *Les Interdits*（《禁止》）, 前引書.

110. André BERGE, 前引書 p. 155.

111. Victor HUGO, *Les Misérables*（《悲慘世界》）, 前引書, p. 446,下兩段引述見p. 116和p.448 .

112. Bruno BETTELHEIM, *Évadés de la vie*（《生命的逃兵》）, Paris, Le Livre de poche, 1994, p. 599.

113. Konrad LORENZ, *Entretiens*（《訪談錄》）, 前引書, p. 107-108.

114. 見 Pierre BURNEY, *L'Amour*（《愛》）, Paris, Que sais-je文庫, 1973, p. 126.

115. François MAURIAC, *Le mystère Frontenac*（《馮特納克家的奧祕》）, Paris, Le Livre de poche, 1972, p. 122.

116. 見Nicolas MACHIAVEL, 前引書之前言, p. III.

117. Friedrich NIETZSCHE, La Généalogie de la morale, 前引書, p.

30.
118. Primo LEVI, *Le Devoir de mémoire*（《記憶的責任》）, 前引書, p. 41.
119. Victor HUGO, *Les Misérables*（《悲慘世界》）, 前引書, 下段引述見p. 466和p. 169
120. Friedrich NIETZSCHE, *Par-delà le bien et le mal*（《超越善與惡》）, 前引書, p. 161.
121. Primo LEVI, *Le Devoir de mémoire*（《記憶的責任》）, 前引書, p. 53和p. 65-66.
122. Alexander MITSCHERLICH, 前引書, p. 10-11.
123. Friedrich NIETZSCHE, *Par-delà le bien et le mal*（《超越善與惡》）, 前引書, p. 119-120.

米歇爾・費茲著作一覽表

La démocratie familiale : évolution des relations parents – adolescents（《家庭民主；親子關係的演變》）. Paris, Les Presses de la Renaissance, 1990.

Les bandes, «l'entre soi » adolescent（《青少年的幫派》）, Paris, Desclée de Brouwer, 1993.

Le peuple adolescent（《青春期人民》）t, Paris, Julliard, 1994.

Génération courage, les lettres des jeunes Français au Premier ministre（《勇氣世代，法國年輕人寫給總理的信》）, Paris, Julliard, 1995.

Adolescence en crise? vers le droit à la reconnaissance sociale（《青

春期危機？獲得社會認可的權利》）, Paris, Hachette éducation, 1998.

A mort la famille! plaidoyer pour l'enfant（《家庭該死！爲孩子們辯護》）, Toulouse, Erès, 2000.

Le Cabinet（《事務所》）, Paris, Arléa, 2001.

Le Deuxième Homme, réflexions sur la jeunesse et l'inégalité des rapports entre générations（《第二種人，關於青年期與世代不平等的省思》）, Paris, Les Presses de la Renaissance, 2002.

Les Adolescents（《青少年》）, Paris, Le Cavalier bleu, Coll. Idées reçues, 2002.

Ne m'appelez plus jamais crise! parler de l'adolescence autrement（《不要再叫我危機！青春期的另一種談法》）, Toulouse, Erès, 2003.

Les Pièges de la mixité scolaire（《社會混合的陷阱》）, Paris, Les Presses de la Renaissance, 2003.

Les Interdits, fondements de la liberté（《禁止：平等的基礎》）, Paris, Les Presses de la Renaissance, 2004.

La Famille（《家庭》）, Paris, Le Cavalier bleu, Coll. Idées reçues, 2005.

L'Adolescent est une personne（《青少年也是人》）, Paris, Le Seuil, 2006.

合集或合著

La socialisation de l'enfance à l'adolescence（《兒童與青少年的就學問題》）, Hanna Malewska - Peyre et Pierre Tap主編, Paris,

PUF. 1991.

Le skate. la fureur de faire （《憤怒的滑板，與Mare Touché合著》）, Caen, Arcane – Beaunieux, 1991.

Adolescents dans la cité（《國宅區的青少年》）, Serge Lesourd主編. Toulouse, Erès, 1991.

La Violence et l'Etat : formes et évolution d'un monopole（《暴力和國家：一種獨佔的形式和演化》）, J. Lombard主編／導讀, Paris, L'Harmattan, 1993.

Du stade au quartier, le rôle du sport dans l'intégration sociale des jeunes（《從體育館到社區，運動在青少年社會融入過程中的角色》）, Paris. IDEF –Syros, 1993.

Adolescence plurielle（《複數青春期》）, Marie Choquet 與 Christiane Dressen主編, Paris, CFES, 1993.

Jeunesses d'en France（《法國的年輕人》）, Régine Boyer 與 Charles Coridian主編, Panoramiques系列 - Arléa Corlet, 1994.

Soigner et/ou punir（《治療或處罰》）, Odile Dormoy主編, Paris, L'Harmattan, 1995.

L'identité（《認同感》）,與J.-CI. Ruano-Borbolan合著, Auxerre, Sciences humaines éditions, 1998.

Le pouvoir（《權力》）, 與J.C1. Ruano-Borbolan合著, Auxerre, Sciences humaines éditions, 2002.

Le Bonheur d'être adolescent（《當一個快樂的青少年，與Marie Cipriani-Crauste合著》）, Toulouse, Erès, 2005.

國家圖書館出版品預行編目資料

壞人到底在想什麼？／米歇爾．費茲（Michel Fize）著；黃馨慧譯．-- 初版．-- 臺北市：麥田，城邦文化出版：家庭傳媒城邦分公司發行，2009. 06
面； 公分．--（ReNew；32）
譯自：Mais qu□est-ce qui passe par la tête des méchants
ISBN 978-986-173-521-4（平裝）

1. 人格心理學 2. 善惡

173.7 98008473

城邦讀書花園
www.cite.com.tw

ReNew 032

壞人到底在想什麼？

原著書名 Mais qu'est-ce qui passe par la tête des méchants?
作　　者 米歇爾．費茲
譯　　者 黃馨慧
選 書 人 陳蕙慧
責任編輯 簡敏麗
總 經 理 陳蕙慧
發 行 人 涂玉雲
出　　版 麥田出版
城邦文化事業股份有限公司
100 台北市中正區信義路二段213號11樓
電話：（02）2356-0933 傳真：（02）2351-9179

發　　行 英屬蓋曼群島商家庭傳媒股份有限公司城邦分公司
台北市 104 民生東路二段 141 號 2 樓
書虫客服服務專線：(02)25007718．(02)25007719
24 小時傳眞服務：(02)25001900．(02)25001991
服務時間：週一至週五09:30-12:00．13:30-17:00
郵撥帳號：19863813 戶名：書虫股份有限公司
讀者服務信箱 E-mail：service@readingclub.com.tw
香港發行所 城邦（香港）出版集團有限公司
香港灣仔駱克道 193 號東超商業中心 1 樓
電話：(852)25086231 傳眞：(852)25789337
E-mail : hkcite@biznetvigator.com
馬新發行所 城邦（馬新）出版集團
Cite(M)Sdn. Bhd.(458372U)
11, Jalan 30D/146, Desa Tasik, Sungai Besi,
57000 Kuala Lumpur, Malaysia.
電話：603-9056 3833 傳眞：603-9056 2833

封面設計 蔡南昇
電腦排版 浩瀚電腦排版股份有限公司
印　　刷 中原造像股份有限公司
初　　版 2009年6月
ISBN : 978-986-173-521-4
定價：280元

ReNew

新視野・新觀點・新活力

新視野・新觀點・新活力